작명의명인

My Baby Self-naming

엄마와 아빠가 함께하는 행복한 우리 아기 이름 짓기

작명의 명인 – 행복한 우리 아기 이름 짓기

초판발행 2020년 09월 01일
초판인쇄 2020년 09월 01일

지 은 이 지평地平
펴 낸 이 김 민 철
펴 낸 곳 문 원 북
디 자 인 정 한 얼 (haneol0426@gmail.com)
일러스트 김 유 나 (lacryma83@naver.com)
등록번호 제 4-197호
등록일자 1992년 12월 5일
주   소 서울시 마포구 토정로 222 한국출판콘텐츠센터 422
대표전화 02-2634-9846   팩 스 02-2365-9846
이 메 일 wellpine@hanmail.net
홈페이지 http://cafe.daum.net/samjai

ISBN 978-89-7461-471-3

※ 파손된 책은 구입처에서 교환해 드립니다.

作
名

작명의명인

문원북BOOK

태어난 새 생명을 바라보며, 아이의 부모는 많은 생각에 잠긴다.

이 아이 우주 어느 별에서 왔을까? 어떤 인연으로 나의 몸을 빌려 태어났을까?

나와 전생에 어떤 인연이었을까? 하염없이 사랑스런 눈빛으로 아이들 바라보다. 혹, 아이가 자라며 나쁜 일을 당하지 않을까, 아프지는 말아야 하는데 온갖 걱정으로, 오직 아이의 건강과 행복만 생각하게 된다.

한편으로는 아기는 자라서 무엇이 될까? 의사, 판사, 정치인, 기대하게 된다. 이런 부모, 조부(祖父)의 마음이 아이이름을 직접 작명하게 만든다.

그러나 명문대를 졸업하였다고, 어릴 적부터 서당에서 한자공부를 하였다고 하여 작명을 할 수 있는 것은 아니다. 이름에 아무리 좋은 뜻을 담아 아이의 장래를 기원하였다고 하여도 음양오행(陰陽五行)의 이치가 맞지 않으면 오히려 독(毒)이 되는 수가 있다. 이런 경우 아이가 어른이 되어 사회생활을 하다 보면, 일이 뜻 데로 풀리지 않고, 결혼도 늦고, 꼬이는 인생을 살수 밖에 없다.

그래서 아이의 사주를 통해 인생전반을 잘 관찰한 다음, 꼭 필요한 오행(五行)을 첨삭하여 줌으로써, 바른 인생을 인도해 줄 수가 있다.

끝으로 "마이 베이비 셀프 네이밍"에서는 모바일 시대에 맞게 핸드폰 "어플"을 활용하여 사주를 세우고 음오행, 자오행, 수리오행 등 복잡한 이론을 프로그램의 도움을 조금만 받는다면 전문가 수준이상의 좋은 이름을 아이에게 지어줄 수가 있다

특히 기초이론과 작명이론을 고대문헌과 사례 통해 정확하고 자세히 소개하였다. 마이 베이비 셀프 네이밍이 여러분의 소중한 자녀의 이름 짓기에 도움이 되길 바란다.

지평地坪

Contents

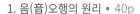

부록

자·음오행
선 명자

字·音五行 選名字 획수기준 • 192p
　대법원선정 인명용한자 중 이름으로 길(吉)한 한자만 선별
하여 자,음오행으로 구분하였다.

CHAPTER - 1

제1장

셀프 네이밍 따라 하기

1 이름 짓기 어플 이해하기

1) 앱 스토어에서 작명 어플 다운받기

구글 Play 스토어서 "작명" 을 입력하면 "작명의 달인" "좋은 이름 닷컴" "오마이 네임" "원광만세력의 명앤명" 등을 검색 할 수 있습니다. 이중 하나를 선택 하셨어 설치 하시면 되는데, 본 도서에서는 "오마이 네임"과 "원광 만세력"을 중심으로 설명하겠습니다.

2) 자신의 이름으로 테스트 하기

① 태어난 년, 월, 일, 시 입력하기

먼저 자신의 태어난 년, 월, 일, 시를 입력해 테스트 합니다.

첫 화면에서 이름 짓기를 클릭합니다.

두 번째 화면 상단에 수정 버튼을 클릭 합니다.

세 번째 화면에서 남자, 여자 구별하고, 후 태어난 년, 월, 일, 시를 음력으로 입력합니다. 이때 '음력'을 기억 하지 못하면 '양력'으로 입력해도 무방합니다.

사주는 음력을 원칙으로 하므로, 음력으로 환산하여 사주를 세워줍니다.

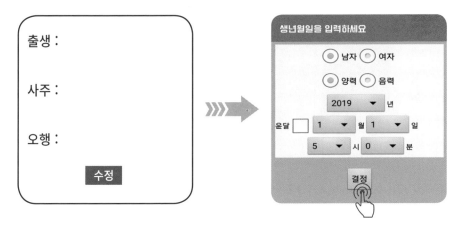

② 자신의 한글 성씨 입력 하기

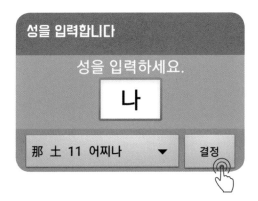

③ 이름 입력 하기

 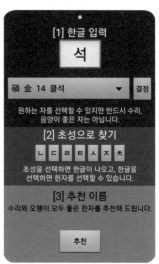

④ 입력완료

Oh my naming에서 제작한
어플을 모델로 사용함

감명 결과
100점 좋은 이름 입니다

2 이름 짓기 순서, 원리 이해하기

<예시 1> 양력 2019년 1월 1일 밤 05시 00분 출생한 남자

첫 번째 – 사주이해 하기

2019년 1월 1일 밤 11시 35분 출생 남자를 먼저 "사주로 표현해야 합니다."
10천간과 12지지를 조합하면, 60갑자가 나오는데, 이를 사주로 표기하면,
'무술년 갑자월 무술일 갑인시'에 태어났다는 뜻이 됩니다.
"사주 세우는 방법은 2장"에서 자세히 공부 하도록 하겠습니다.

사주 : 戊戌년   甲子월   戊戌일   甲寅시
　　　　무술년   갑자월   무술일   갑인시

60갑자를 조합해서 나온 사주를 다시 오행으로 표기 하면,
목(木)3개, 화(火)0개, 토(土)4개, 금(金) o개, 수(水) 1개가 있다고 표현 됩니다.
오행 : 목(木) 3 화(火) 0 토(土) 4 금(金) o 수(水)1

10천간(天干)

갑(甲), 을(乙), 병(丙), 정(丁), 무(戊), 기(己), 경(庚), 신(辛), 임(壬), 계(癸)

12지지(地支)

자(子), 축(丑), 인(寅), 묘(卯), 진(辰), 사(巳), 오(午), 미(未), 신(申), 유(酉), 술(戌), 해(亥)

목(木)	화(火)	토(土)	금(金)	수(水)
청	적	황	백	흙

두 번째 – 오행의 과 부족 채워주는 방법

여기서 목(木)3개, 화(火)0개, 토(土)4개, 금(金)0개, 수(水) 1개 중 오행 중 화(火)0개, 금(金)0개로 부족한 오행을 채워주고, 많은 오행은 상극으로 눌러주면 됩니다. 이를 성명학에서는 자원(字源) 오행이라고 합니다. 좀더 구체적으로 설명하면 사주에서는 "억부용신"이라고 합니다. 즉 용신을 찾아 준다고 알면 되겠습니다. 용신에는 많은 이론이 있지만 여기에서는 "억부용신"만 적용해서 설명하겠습니다.

사주 : 戊戌년 甲子월 戊戌일 甲寅시
　　　무술년 갑자월 무술일 갑인시

오행 : 목(木) 3 화(火) 0 토(土) 4 금(金) o 수(水)1

세 번째 – 한자가 갖고 있는 오행 이해하기

자신의 성씨를 입력 합니다.

나씨는 한자로 오행 중 토(土)에 해당합니다. 그리고 획수가 11획 이라는 뜻 입니다. 그래서 나씨는 자원오행이 토(土), 획수가 11획이 됩니다.

"자원오행은 5장"에서 자세히 공부 하도록 하겠습니다.

네 번째 – 한자의 획수 이해하기

이름을 입력하는데, 이름을 입력 할 때는 두 가지 이론 이 필요합니다.

자원(字源) 오행과, 수리(修理) 입니다. 자원오행은 한자 자체가 같이 있는 오행이고, 수리는 한자의 획수를 뜻 합니다. 이름 한자가 오행이 좋아도, 수리가 좋지 못하면 불길하고, 수리가 좋아도 오행이 맞지 않으면 좋은 이름이라 고 할 수 없습니다.

"수리(修理)에 대해 4장"에서 자세히 공부 하겠습니다.

(1) 한글입력

다섯 번째 - 감명하기

이름을 입력한 후 감명하기를 누르면 다음과 같이 감명 결과가 나옵니다.

출 생	양력 2019년 1월 1일 새벽 05시 00분 출생한 남자								
사 주	무술년		갑자월		무수일		갑인시		
오 행	목(木)	3	화(火)	0	토(土)	4	금(金)	0	수(水)	1
한글 이름									
이 름	나			영			석		
소리오행	火			土			金		
한자 이름									
한자이름	那			伶			碩		
자원오행	土			火			金		
한자획수	11			7			14		

▣ 수리에 따른 감명

한자의 수리에 따른 감명은 원元, 형亨, 이利, 정貞 이라는 원리로 이름의 획수를 조합해서 초년, 청년, 장년, 말년 운을 설명하는데 원리와 방법에 대해서는 4장에서 자세히 공부 하겠습니다.

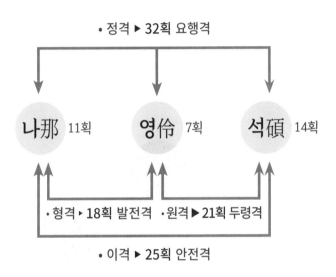

• 수리풀이

원元은 **유년기** 운으로 – 가정이 편하고, 발전도 있습니다.
형亨은 **청년기** 운으로 – 개인의 발전과 번성을 의미 합니다.
이利는 **장년기** 운으로 – 사업, 직장의 성공과 천복을 누리는 운입니다.
정貞는 **말년기** 운으로 – 큰 재물을 얻어 안락함 삶을 영위할 운입니다.

▣ 자원(字源)에 따른 감명

사주에 오행 중 금金이 없는데, 이름자에서 금이 보완해 주어 길 하다고 할 수 있습니다. "자원 오행은 기본적으로 사주 알아야 하는데 5장"에 사주 세우는 방법 10천간, 12지지에 따른 오행을 공부 하도록 하겠습니다.

▣ 소리(音) 오행에 따른 감명

나(화) 영(토) 석(금) 화생토, 토생금 순으로 생 하는 순환구조로 좋다고 하겠습니다. "음 오행은 3장"에서 공부 하도록 하겠습니다

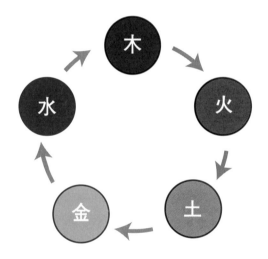

3 마무리 – 우리아기 셀프 작명을 위한 준비사항

1. 앱 에서 작명 어플를 다운 받는다
2. 아이가 태어난 정확한 년, 월, 일, 시 입력한다.
3. 사주를 세운다
4. 오행의 부족한 것과 많을 파악한다.
5. 자원(字源) 오행의 맞춰 한자를 찾는다
6. 자원오행에서 선택한 한자획수가 길한 한자로 선택 한다.
7. 끝으로 음 오행 맞는지 판단한다.

CHAPTER - 2

제2장

사주 이해하기

1 이름 짓기에서 사주(四柱) 란

　옛날 우리 부모님들은 이름을 지을 때 작명가를 찾아가 사주팔자부터 알아보고, 팔자오행 중 무엇이 넘치고 부족한지 그에 근거하여 이름을 지었다.

　팔자(八字)란 곧 그 사람의 태어난 연(年), 월(月), 일(日), 시(時)를 천간(天干)과 지지(地支)로 시간을 기록한 것이다. 2020년은 경자(庚子)년이었다. 이 경자(庚子)라는 것이 곧 시간을 기록한 일종의 부호이다. 이 각각의 부호는 두 글자로 되어 있고 각 개인의 생일은 연(年), 월(月), 일(日), 시(時) 네 가지 항목이므로 이것을 천간지지(天干地支)로 기록하면 여덟 글자, 즉 팔자(八字)가 되는 것이다. 한 사람의 운명은 태어날 때부터 이미 결정되어 있는데 그 출생 시간에 따라 운명도 조금씩 달라진다. 고대의 명리학(命理學)에 의하면 출생 연(年), 월(月), 일(日), 시(時)로 한 사람의 운명과 성격, 건강, 총명함 등을 알 수 있다고 했다.

　옛날 우리부모님들은 선천적인 운명이 좋지 않더라도 몇 가지 방법을 사용하여 좋은 방향으로 유도할 수 있다고 생각했다. 그 몇 가지 방법 중의 하나가 바로 좋은 이름으로 보완하는 것이다. 그래서 아이가 태어나 이름을 짓게 되면 신중하게 그 팔자부터 헤아려 보았던 것이다. 그리고 팔자의 오행 중 과부족 한 것이 있다면 그것에 근거하여 이름을 지었다.

가. 연주(年柱) 란

옛사람들은 천간(天干) 즉 갑(甲), 을(乙), 병(丙), 정(丁), 무(戊), 기(己), 경(庚), 신(辛), 임(壬), 계(癸) 이 10글자로 차례와 시간을 표시했다.

그러나 천간(天干)으로 시간을 기록할 때 10이 넘으면 처음부터 다시 시작해야 하므로 주기(週期)가 너무 짧았다. 동시에 일년은 12개월이고, 그리하여 다시 12지지(地支)를 만들어서 시간을 표시할 때 매우 간편하도록 하였다.

지지(地支)란 자(子), 축(丑), 인(寅), 묘(卯), 진(辰), 사(巳), 오(午), 미(未), 신(申), 유(酉), 술(戌), 해(亥)

천간지지(天干地支) 는 간지(干支)라고도 일컬어지는데 그것은 천간을 첫 자리에, 지지를 그 다음 에 놓고 계속 순환하여 결합함으로써 갑자(甲子), 을축(乙丑), 병인(丙寅)… 식으로 이루어진 것이다. 이같이 한번 순환하면 60개의 간지가 생긴다. 이 60개의 간지로 년(年)도 기록할 수 있고 일(日)도 기록할 수 있다

천간지지(天干地支)

10천간	갑 (甲)	을 (乙)	병 (丙)	정 (丁)	무 (戊)	기 (己)	경 (庚)	신 (辛)	임 (壬)	계 (癸)		
12지지	자 (子)	축 (丑)	인 (寅)	묘 (卯)	진 (辰)	사 (巳)	오 (午)	미 (未)	신 (申)	유 (酉)	술 (戌)	해 (亥)

나. 월주(月柱) 란

12개의 지지(地支)로써 월(月)을 기록하였는데 각 월에 해당하는 지지는 다음과 같으며 명리학 (命理學)에서는 월(月)을 구분할 때 12절기로 기준으로 해당월을 결정한다.

즉 입춘(立春) 절입(節入)시간 전까지는 전년의 간지(干支)를 사용하여야 하며 입춘(立春) 절입(節入)시간이 지나야 신(新)년도의 간지(干支)를 사용하게 되며 1월이 되는 것이다.

월(月)을 기록할 때는 일반적으로 지지만 알면 되지만 사주팔자(四柱八字)를 따질 때는 반드시 출생 월의 천간을 알아야 한다.

1월	2월	3월	4월	5월	6월	7월	8월	9월	10월	11월	12월
寅인	卯묘	辰진	巳사	午오	未미	申신	酉유	戌술	亥해	子자	丑축
입춘 立春	경칩 驚蟄	청명 淸明	입하 立夏	망종 芒種	소서 小暑	입추 立秋	백로 白露	한로 寒露	입동 立冬	대설 大雪	소한 小寒
봄(春)			여름(夏)			가을(秋)			겨울(冬)		

다. 일주(日柱) 란

월분의 간지를 확정한 뒤에는 일(日)에 해당하는 간지를 알아야 한다. 그러나 일(日)의 간지를 계산하는 방법은 매우 복잡하기 때문에 일반적으로 만세력을 참고한다. 만세력에는 음력 매달의 초하루, 십일일, 이십일 일의 간지가 밝혀져 있다.

이 3일 이외의 날들은 간지의 순서로 알 수 있다. 예를 들어 1990년 음력 유월 초하루가 무자(戊子)일인데 초4일은 무슨 날인지 알려면 앞에서 밝힌 간지의 순서표에서 무자(戊子) 다음으로 추산해 보면 초사흘은 신묘(辛卯)일임을 알 수 있다.

라. 시주(時柱) 란

마지막으로 시주(時柱)간지를 알아보자. 우리 조상들은 하루를 12시진(時辰)으로 나누었는데 한 시진은 현재의 두 시간과 같다. 이 12시진을 12개의 지지로 표시하였는데 아래와 같다.

子자	丑축	寅인	卯묘	辰진	巳사	午오	未미	申신	酉유	戌술	亥해
11~1 시	1~3 시	3~5 시	5~7 시	7~9 시	9~11 시	11~1 시	1~3 시	3~5 시	5~7 시	7~9 시	9~11 시
밤夜	아침朝				낮晝			저녁夕			밤夜

◆ 현재 우리나라는 동경시를 기준하므로 함으로 30분 늦다.
그래서 실제 시간을 적용할 때는 30분씩 더해서 계산하여 적용하고 있다.

子자	丑축	寅인	卯묘	辰진	巳사	午오	未미	申신	酉유	戌술	亥해
11:30 ~1:30	1:30 ~3:30	3:30 ~5:30	5:30 ~7:30	7:30 ~9:30	9:30~ 11:30	11:30 ~1:30	1:30 ~3:30	3:30 ~5:30	5:30 ~7:30	7:30 ~9:30	9:30~ 11:30
밤夜	아침朝				낮晝			저녁夕			밤夜

만세력 어플로 사주(四柱) 찾기

만세력 어플은 스마트폰으로 만세력을 보는 것인데, 책으로 된 만세력이나, 데스크 탑 컴퓨터 보다는 앱을 대부분 사용하므로 무료 어플을 사용하는 것이 좋다.

구글 Play 스토어에는 만세력이 무료로 제공되고 있으며, 편리한 어플을 선택하여 활용하면 좋으나, 검증된 원광만세력을 사용하는 것이 좋다.

가. "어플"만세력에 자신의 생 년, 월, 일, 일 입력하기

이름: 이름을 입력

성별: 남녀를 구분하여 입력

양/음력: 생일을 양력이나 음력으로 구분하여 입력

양력을 선택하였으면 양력생일 입력
음력을 선택하였으면 음력생일 입력
음력윤달이면 음력윤달을 선택하고 음력생일 입력

정확한 시간을 모를 경우에는 이곳을 체크하면 간지입력으로 전환

태어난 시간을 정확하게 입력

조회하기를 누르면 만세력 생성

원광대학교에서 제작한
원광만세력앱을 모델로 사용

나. 완성된 사주 이해하기

완성된 화면을 보면 대운, 세운, 월운, 육친, 지장간, 등 복잡하다. 사주명리에 대해 궁금한 것이 많은 분은 향후 전문도서를 구입해서 공부하기로 하고, 우리가 필요한 부분은 붉은색 BOX로 표시한 사주(천간, 지지)와 오행 부분이다.

그런데 사주 8자 중 어떤 한자가 음(陰)이고, 양(陽)인지 알 수 가 없다.

그리고 사주 8자 중 어떤 한자가 오행(목, 화, 토, 금, 수) 중 어떤 관계가 있는지 알 수가 없다. 사주를 처음 접하는 분은 답 답 할 수밖에 없다.

그럼 **사주팔자(四柱八字)에 음양(陰陽) 오행(五行) 적용하는 법**을 자세 공부하도록 하겠습니다.

3 사주팔자에서 음양(陰陽) 오행(五行) 적용하는 법

사주팔자를 안 다음에는 음양(陰陽) 오행(五行)을 살펴보아야 한다. 옛사람들은 천간 지지를 음양오행과 배합하곤 했다. 먼저 천간의 음양 배합부터 살펴보자.

배합 원칙은 **홀수는 양(陽)**에 속하고 **짝수는 음(陰)**에 속한다. 갑(甲)은 천간 서열(갑, 을, 병, 정…)에서 첫 번째에 해당하고 홀수이므로 양에 속하고, 을(乙)은 서열에서 두 번째에 해당되므로 짝수이니까 음에 속한다.

지지(地支)는 오행과의 배합을 살펴보면, 위의 표에서 보듯이 천간(天干)의 수는 10이고 오행의 수는 5이므로 2대 1로 배합을 하게 된다.

	木목		火화		土토		金금		水수	
	양陽	음陰	양陽	음陰	양陽	음陰	양陽	음陰	양陽	음陰
천간天干	갑甲	을乙	병丙	정丁	무戊	기己	경庚	신辛	임壬	계癸
지지地支	인寅	묘卯	오午	사巳	진辰 술戌	축丑 미未	신申	유酉	자子	해亥

천간(天干)은 갑과 을로부터 시작하고 오행은 목(木)으로부터 시작한다.

즉 갑(甲), 을(乙)은 목(木)에 속하고 병(丙)과 정(丁)은 **화(火)**에 속하며, 무(戊)와 기(己)는 토(土)에, 경(庚)과 신(辛)은 금(金)에, 임(壬)과 계(癸)는 **수(水)**에 속한다.

지지(地支)의 수는 열둘이다. 인(寅)으로부터 시작한다.

인(寅) 묘(卯)는 목(木)에 속하고 사(巳)와 오(午) **화(火)**에 속하고, 진(辰) 술(戌) 축(丑) 미(未)는 토(土), 신(申) 유(酉)는 금(金)에, 자(子) 해(亥) 는 **수 (水)**에 속한다. 천간(天干) 지지(地支)와 오행의 배합에 근거하여 사주팔자의 오행을 얻어낼 수 있다.

가. (예시) 2019년 양력 01월 01일 05시00분 남자

시	일	월	년	사주
甲	戊	甲	戊	천간天干
陽木(양목)	陽土(양토)	陽火(양목)	陽土(양토)	오행
寅	戌	子	戌	지지地支
陽木(양목)	(양토)陽土	(양수)陽水	(양토)陽土	오행

목	3	화	0	토	4	금	0	수	1

본 사주는 팔자 중 목(木) 3자, 화(火)0자, 토(土) 4, 금(金)0자, 수(水)1자 이다.

목(木)은 화(火)를 이롭게 하나 불이 없으니, 화(火)를 살려 흑을 만들고 싶어도, 수(水)1자로 부족하니 목(木)을 감당하기에는 역부족이다. 하여 금(金)으로 수(水)를 생 하게하여 목(木)을 도우니 오행이 순탄하게 흐를 수 있다.

즉 자원오행이 금(金), 화(火) 이거나 금(金), 화(火) 부수가 들어간 이름을 만들어 주면 길(吉) 하다고 본다. 이처럼 사주팔자의 오행 중 부족하거나 과한 것이 무엇인가를 찾아 가감(加減)하여 줌으로 그 사람의 운을 개운(開運)해 주는 것이다.

4 사주팔자 오행(五行)에 따라 이름 짓기

오행(五行)이란 곧 목(木), 화(火), 토(土), 금(金), 수(水), 다섯 가지 원소를 가리킨다. 옛사람들은 천지 만물이 모두 이 다섯 가지 원소로 구성되어 있다고 생각했고, 그래서 오행에 따라 이름을 짓는 것은 곧 오행설(五行說)의 원리에 따라 평형(平衡)을 이루는 것이라고 믿었다.

앞서 말한바 와 같이 사주팔자의 오행 중 부족하거나 과한 것이 무엇인가를 찾아 가감(加減)하여 줌으로 그 사람의 운을 개운(開運)해 주는 것이다. 좀더 깊이 말하자면 **용신(用神)**을 찾아 이름에 적용하는 것이다.

옛날 우리 조상님들은 천지간의 사물, 예를 들어 방향, 계절, 기후, 색깔, 등 오관(五官)과 도덕규범까지 오행의 범주에 포함시켰다.

방위(方位)에는 동(東), 서(西), 남(南), 북(北), 중(中) 오방(五方)이 있다.

동쪽은 아침 해가 솟아오르고 초목이 자라는 방위이므로 목(木)에 속하고, 남쪽은 기후가 무덥고 양기(陽氣)가 가장 왕성한 곳이므로 화(火)에 속한다. 서쪽은 건조하고 서늘하며 초목이 스러지는 곳이므로 금(金)에 속한다. 북쪽은 기후가 차고 음기(陰氣)가 가장 강한 곳이므로 수(水)에 속하며 중앙은 온화하며 습하므로 토(土)에 속한다.

계절을 살펴보면 일년 중에 춘(春), 하(夏), 추(秋), 동(冬) 사계(四季)가 있다. 조상님들은 여름과 가을 사이에 장하(長夏)라는 또 하나의 계절이 있다고 생각하였다. 그러므로 오계(五季)인 것이다.

　춘계(春季)는 초목이 싹트는 때이므로 목(木)에 속하며, 하계(夏季)는 뜨겁고 참을 수 없이 무더운 계절이므로 화(火), 장하(長夏)는 답답하고 습한 계절이므로 토(土), 추계(秋季)는 서늘하고 상쾌하여 금(金), 동계(冬季)는 춥고 얼음이 어는 때이므로 수(水)에 속한다.

　기후를 살펴보면 풍(風), 서(暑), 습(濕), 조(燥), 한(寒) 오기(五氣)가 있다고 했다. 들바람, 즉 춘풍(春風)은 봄에 일기 시작하므로 목에 속하고, 무더운 서(暑)는 여름에 나타나므로 화, 습하고 답답한 기후는 장하(長夏) 때 생기므로 습(濕)한 토에 속하고, 메마른 조(燥)는 가을의 현상이므로 금, 차가운 한(寒)은 겨울 현상이므로 수(水)에 속한다.

　색깔에는 청(靑), 적(赤), 황(黃), 백(白), 흑(黑) 등 오색(五色)이 있다. 푸른 청색은 본색으로 목에 속하며, 붉은 적색은 불 색이므로 화에 속하고, 누런 황색은 흙색이므로 토에 속하며, 흰(白)색은 금색이므로 금에 속하고, 검은(黑)색은 물색이므로 수에 속한다.

　또한 옛사람들은 인(仁), 의(義), 예(禮), 지(智), 신(信)을 인간의 다섯 가지 도덕으로 여기며 오상 (五常)이라 하였다. 그 중에서 인(仁)은 목에 속한다. 왜냐하면 온화한 동풍과 따사로운 봄철에 만물이 생장하는 그 모습이 인애(仁愛)롭기 때문이다. 예(禮)는 화에 속한다. 모든 제사나 혼사, 생일 축사가 불(火)을 떠날 수 없기 때문이다. 신(信)은 토에 속한다. 태산 같이 온정하고 대지 (大地)처럼 착실한 모습으로 이는 미더운 신(信)의 자태이기 때문이다. 의(義)는 금에 속한다. 죄악을 소멸하는 정의의 출정(出征)에 금속의 총칼을 떠날 수 없기 때문이다.

　지(智)는 수에 속한다. 물(水)은 원활하고 순통하며 맑고 깨끗한 모습이 바로 지혜의 모습이기 때문이다. 아래의 일람표를 참고하길 바란다.

오행일람표

	목(木)	화(火)	토(土)	금(金)	수(水)
오방(五方)	동(東)	남(南)	중(中)	서(西)	북(北)
오기(五氣)	풍(風)	서(暑)	습(濕)	조(燥)	한(寒)
오계(五季)	춘(春)	하(夏)	장하(長夏)	추(秋)	동(冬)
오화(五化)	생(生)	장(長)	화(化)	수(收)	장(藏)
오색(五色)	청(靑)	적(赤)	황(黃)	백(白)	흑(黑)
오미(五味)	산(酸)	고(苦)	감(甘)	신(辛)	함(鹹)
오장(五臟)	간(肝)	심(心)	비(脾)	폐(肺)	신(腎)
오관(五官)	목(目)	설(舌)	구(口)	비(鼻)	이(耳)
오상(五常)	인(仁)	예(禮)	신(信)	의(義)	지(智)
오성(五聲)	각(角)	징(徵)	궁(宮)	상(商)	우(羽)
오곡(五谷)	마(摩)	맥(麥)	직(稷)	도(桃)	두(豆)
오과(五果)	리(李)	행(杏)	조(棗)	도(桃)	률(栗)
오축(五畜)	견(犬)	마(馬)	우(牛)	계(鷄)	저(猪)
오충(五蟲)	모충(毛蟲)	우충(羽蟲)	과충(倮蟲)	갑충(甲蟲)	인충(鱗蟲)

가. 오행(五行)의 보완 방법

명(命) 중에 부족한 오행(五行)에 대해 보완방법으로 크게 3가지가 있다.

> **첫째** 형보(形補), 즉 **자형(字形)**에 의한 방법
>
> **둘째** 의보(意補), 즉 **자의(字意)**에 의한 방법
>
> **셋째** 수보(數補), 즉 **필(筆) 획수(劃數)**에 의한 보완 방법

그 중 형보(形補)와 수보(數補)가 비교적 간편하고 분명하므로 많이 쓰이고 있다. 화(火)가 부족하면, 형보의 방법으로 화(火)자가 포함된 글자만 찾아서 사용하면 된다. 그러나 의보(意補)는 좀 복잡하다. 어떤 글자는 자형(字形)이나 필(筆) 획수(劃數)만으로는 오행 중 어디에 해당하는지 알 수 없지만, 자의(字意)로는 분석이 가능하다.

예를 들어 인(仁)자 흠(欽)자를 살펴보자.

인(仁)자를 분석해 보면 자의상으로는 목(木)행에 속할 수 있지만, 자형상으로는 목(木)을 포함하지 않았으며 필 획수 역시 4이므로 화(火)가 되고, 목(木)은 아니다.

흠(欽)자의 경우를 살펴보면, 글자는 자형상으로는 오행 중 하나에 속하지만 자의와 필 획수로 따져보면 그 결과가 일치하지 않는 경우가 있다. 자형에는 금(金)이 포함되었지만, 자의(공경할 흠, 공손할 흠)상으로는 금(金)과 전혀 관계가 없으며 목(木)에 속한다.

또 다른 한 가지는 필(筆) 획수(劃數)에서만 오행 중 하나에 속할 뿐, 자형(字形)이나 자의(字意)에서는 모두 그에 속하지 않는 경우가 있다.

야(也)자의 경우가 그렇다. 필(筆) 획수(劃數)로는 3획이나, 자형(字形)이나 자의(字意)에서는 목(木)과 전혀 관계가 없다.

이 같은 상황에서의 보완 방법에는 세 가지가 있다.

첫째: 자형(字形), 자의(字意), 필획(筆劃) 등 이 세 가지 중에서 단 한 가지만 보완하는 방법이다.

둘째: 형(形), 수(數) 두 가지나 형(形)·의(意) 두 가지, 혹은 의(意)·수(數) 두 가지만을 보완하는 방법이다.

셋째: 자형(字形), 자의(字意), 필(筆) 획수(劃數)등 세 가지를 모두 보완하는 방법이다.

일반적으로 한 가지만 고려하면 끝나므로 해결하기 쉽고, 두 가지를 동시에 골고루 해결해야 하므로 조금 어려움이 따르고, 가지지 모두 만족시키는 글자를 찾기란 매우 어렵다.

옛사람들은 오행에서 어느 한 부분이 결핍되어 있으면 꼭 그 부분을 보완해야 할 뿐 아니라 어느 한 부분에 치우쳐서 너무 왕성해도 반드시 방법을 써서 이를 억제해야 한다고 믿었다.

예를 들어 금(金)이 지나치게 왕성한 사람은 반드시 화(火)로 억제해야 하고 화에 속한 글자로 이름 짓는 것이 적절하다.(※억부용신)

• 목(木)이 지나치게 왕성한 사람
반드시 금(金)으로 억제해야 하고 금(金)에 속한 글자로 이름 짓는 것이 적절하다.

• 화(火)가 지나치게 왕성한 사람
반드시 수(水)로 억제해야 하고 수(水)에 속한 글자로 이름 짓는 것이 적절하다.

• 토(土)가 지나치게 왕성한 사람
반드시 목(木)으로 억제해야 하고 목(木)에 속한 글자로 이름 짓는 것이 적절하다.

• 금(金)가 지나치게 왕성한 사람
반드시 화(火)로 억제해야 하고 화(火)에 속한 글자로 이름 짓는 것이 적절하다.

• 수(水)가 지나치게 왕성한 사람
반드시 토(土)로 억제해야 하고 토(土)에 속한 글자로 이름 짓는 것이 적절하다.

그러면 보완과 억제는 어떻게 하는 것이 좋을까? 옛사람들의 오행이론에 의하면, 낳은 자(生者)는 모(母)이고, 태어난 자 즉 피생자(被生者)는 자(子)라고 하였다.

예컨대 목생화(木生火)에서 목(木)은 모(母)이고 화(火)는 자(子)이다. 또 토생금(土生金)에서 토는 모(母)이고 금은 자(子)이다. 여기서 기(氣)를 보완을 하든지 억제를 하든지 할 경우 그 방법은 직접적일 수도 있고 혹은 간접적일 수도 있다.

즉 화(火)가 없을 때 화(火)로써 보완 하고, 수(水)가 왕성해서 수(水)를 억제하는 것은 직접적인 방식이다. 반대로 간접적인 방식은 곧 생(生)의 발원점(發源點)에서 보완 혹은 억제하는 방법이 있다.

예를 들면 화(火)가 부족할 때는 화를 생(生)하는 모(母), 즉 목(木)을 보충하는 것이다.

목(木)이 무성하면 화(火)가 상생되니 화(火)가 보완되는 것이다. 그러므로 이름이 목(木)에 속한 자를 선택해도 화(火)가 보완이 되는 것이다.

다른 예를 든다면, 수(水)가 왕성할 때, 금생수(金生水)이니 수(水)를 낳는 금(金)을 억제하여도 수(水)를 쇠퇴시킬 수가 있는 것이다. 그러므로 이름 지을 때 금(金)을 억제하는 글자, 즉 화(火)에 속 한자를 선택할 수 있다.

CHAPTER - 3

제3장

부르는 소리에 의한 이름 짓기

음오행(音五行)에 의한 작명법

1. 음(音)오행의 원리
   가. 상생(相生)관계
   나. 상극(相剋)관계
   다. 생극(生剋)관계
   라. 상비(相比)관계

2. 125가지 오행배합(五行配合)에 따른 해설 및 작명법

1 음(音)오행의 원리

　음오행(音五行)란 **자음의 소리를 원칙으로** 오행으로 구분한 것으로 작명을 할 때 다음 표와 같이 구분하며, **오행(五行)에는 목·화·토·금·수(木·火·土· 金·水)5가지** 요소가 있다. 오행이 서로 조화롭게 상생(相生)관계에 있기도 하고, 상생(相生) 상극(相剋)이 혼합된 생극(生剋)관계도 있고, 서로 불협화음을 갖는 상극(相剋)관계가 되는가 하면, 서로 견주는 상비(相比)이기도 한다. 인간관계도 서로 돕기도 하지만 경쟁도하면서 발전을 하는 것과 같은 이치다. 이름을 지을 때는 성씨(姓氏)와 이름과 상생(相生)관계를 이루는 것이 좋고 한쪽 방향으로 생(生)하여주면 더욱 좋다.

음오행(音五行)표

오행(五行)	목 木	화 火	토 土	금 金	수 水
소리(音)	ㄱ, ㅋ	ㄴ, ㄷ, ㄹ, ㅌ	ㅇ, ㅎ	ㅅ, ㅈ, ㅊ	ㅁ, ㅂ, ㅍ
	가, 카	나, 다, 라, 타	아, 하	사, 자, 차	마, 바, 파
발음기관	牙(아)어금니	舌(설) 혀	喉(후) 목구멍	齒(치) 이	脣(순) 입술

예시) '고아라'라는 이름을 음(音)오행으로 풀이해 보자.

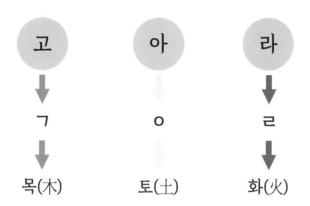

가. 상생(相生)관계

상생 (相生)관계란 목·화·토·금·수(木·火·土·金·水)가 서로가 원인과 결과의 순환구조를 갖고 돌아가는 것을 말한다. 나무는 불에 타 재가되고 재는 흙이 되고, 흙은 굳어 쇠가 되고, 쇠는 물을 담는 그릇이 되고, 물은 나무를 자라게 하는 생명수가 된다. 이와 같이 서로를 생(生)하여주는 관계를 상생(相生)관계라 한다.

목생화(木生火) : 나무는 불을 활활 타게 한다. .
화생토(火生土) : 불에 탄 나무의 재는 흙이 되고
토생금(土生金) : 흙은 굳어 쇠가 된다.
금생수(金生水) : 쇠는 물을 담은 그릇이요, 차가운 금속 표면에 물이 맺힌다.
수생목(水生木) : 물은 초목을 자라게 한다.

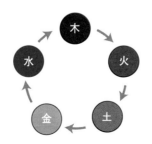

◑ 성씨상생(姓氏相生)의 예

목생화(木生火)
목(木) - ㄱ, ㅋ 발음
성씨(姓氏) - 가, 간, 갈, 개, 견, 경, 곽, 국, 권, 근, 기, 김 등
화(火) - ㄴ, ㄷ, ㄹ, ㅌ 발음
성씨(姓氏) - 남, 내, 단, 대, 도, 독고, 동, 두, 라, 련, 로, 류, 림, 탁, 태 등

화생토(火生土)
화(火) - ㄴ, ㄷ, ㄹ, ㅌ 발음의 성씨(姓氏) 상동
토(土) - ㅇ, ㅎ 발음
성씨(姓氏) - 아, 안, 양, 엄, 오, 옥, 우, 유, 윤, 이, 임, 하, 한, 함, 허, 홍, 황보 등

토생금(土生金)
토(土) - ㅇ, ㅎ 발음의 성씨(姓氏) 상동
금(金) - ㅅ, ㅈ, ㅊ 발음
성씨(姓氏) - 사, 서문, 선우, 성, 손, 신, 심, 장, 전, 정, 조, 주, 지, 차, 채, 천, 추 등

금생수(金生水)
금(金) - ㅅ, ㅈ, ㅊ 발음의 성씨(姓氏) 상동
수(水) - ㅁ, ㅂ, ㅍ 발음
성씨(姓氏) - 마, 맹, 모, 문, 민, 박, 방, 변, 팽, 표, 필 등을 들 수 있다.

수생목(水生木)
수(水)와 목(木)의 성씨(姓氏)는 위와 같다.

●길운(吉運) 상생배합(相生配合) - 음(音)오행, 자(字)오행, 수리(數理)오행 모두 적용된다.

목木	木 火 土	木 水 金	木 木 火	木 火 火	木 水 水	木 木 水	木 火 木	木 水 木
화火	火 土 金	火 木 水	火 火 土	火 土 土	火 木 木	火 火 木	火 土 火	火 木 火
토土	土 金 水	土 火 木	土 土 金	土 金 金	土 火 火	土 土 火	土 金 土	土 火 土
금金	金 水 木	金 土 火	金 金 水	金 水 水	金 土 土	金 金 土	金 水 金	金 土 金
수水	水 木 火	水 金 土	水 水 木	水 木 木	水 金 金	水 水 金	水 木 水	水 金 水

예시) '문재인'라는 이름을 음(音)오행으로 풀이해 보자.

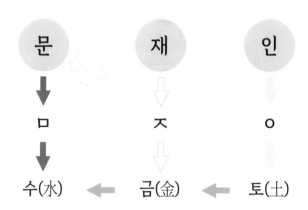

나. 상극(相剋) 관계

　상극(相剋) 관계란 목·화·토·금·수(木·火·土·金·水)가 서로가 이웃하지 않고 한 칸씩 건너뛰어 응보(應報)하여 서로를 해(害)하고 있다. 쇠는 나무를 자르고, 나무는 흙을 뿌리를 내리고, 흙은 물을 흐리지 못하게 가두어버리고, 물은 불을 끄고, 불은 쇠를 녹여 버리는 이치다.

금극목(金克木) : 도끼의 금속 날에 나무가 찍혀 쓰러진다.
목극토(木克土) : 나무의 뿌리는 땅속 깊이 뻗어 나간다.
토극수(土克水) : 흙으로 둑을 쌓아 물을 막는다.
수극화(水克火) : 물은 불을 끌 수 있다.
화극금(火克金) : 불은 금속을 녹여낼 수 있다.

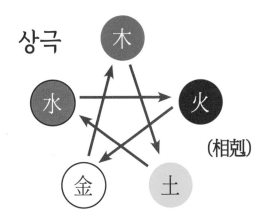

◑ 성씨상극(姓氏 相剋)의 예

목극토(木剋土)

목(木) - ㄱ, ㅋ 발음

성씨(姓氏) - 가, 간, 갈, 개, 견, 경, 곽, 국, 권, 근, 기, 김 등

토(土) - ㅇ, ㅎ 발음

성씨(姓氏)- 아, 안, 양, 엄, 오, 옥, 우, 유, 윤, 이, 임, 하, 한, 함, 허, 홍, 황보 등

토극수(土剋水)

토(土) - ㅇ, ㅎ 발음의 성씨(姓氏) 상동.

수(水) - ㅁ, ㅂ, ㅍ 발음

성씨(姓氏) - 성씨가 마, 맹, 모, 문, 민, 박, 방, 변, 팽, 표, 필 등을 들 수 있다.

수극화(水剋火)

수(水) - ㅁ, ㅂ, ㅍ 발음의 성씨(姓氏) 상동

화(火) - ㄴ, ㄷ, ㄹ, ㅌ 발음

성씨(姓氏) - 남, 내, 단, 대, 도, 독고, 동, 두, 라, 련, 로, 류, 림, 탁, 태 등을 들 수 있다.

화극금(火剋金)

화(火) - ㄴ, ㄷ, ㄹ, ㅌ 발음의 성씨(姓氏) 상동

금(金) - ㅅ, ㅈ, ㅊ 발음

성씨(姓氏) -사, 서문, 선우, 성, 손, 신, 심, 장, 전, 정, 조, 주, 지, 차, 채, 천, 추 등을 들 수 있다.

금극목(金剋木)

금(金)과 목(木)의 성씨(姓氏)는 위와 같다.

● 흉운(凶運) 상극배합(相剋配合) - 음(音)오행, 수리(數理)오행 모두 적용된다.

목木	木土水	木金火	木木土	木土土	木金金	木木金	木土木	木金木
화火	火金木	火水土	火火金	火金金	火水水	火火水	火金火	火水火
토土	土水火	土木金	土土水	土水水	土木木	土土木	土水土	土木土
금金	金木土	金火水	金金木	金木木	金火火	金金火	金木金	金火金
수水	水火金	水土木	水水火	水火火	水土土	水水土	水火水	水土水

예시) '이기자'라는 이름을 음(音)오행으로 풀이해 보자.

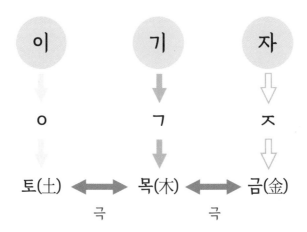

다. 생극(生剋)관계

생극(生剋)관계관 상생(相生), 상극(相剋)이 혼합되어 배합이 된 상태로 이름 3자 중 2자는 생(生)하고 1자가 극(剋)하는 경우, 2자는 극(剋)하고 1자가 생(生)하는 경우를 말하는데, 운세로 보면 중길(中吉)하다고 본다.

◑ 중길(中吉) 생극배합(生剋配合) - 음(音)오행, 수리(數理)오행 모두 적용된다.

목木	木土火	木火水	木金水	木水火
화火	火金土	火土木	火水木	火木土
토土	土水金	土金火	土木火	土火金
금金	金木水	金水土	金火土	金土水
수水	水火木	水木金	水土金	水金木

예시) '전현무'라는 이름을 음(音)오행으로 풀이해 보자.

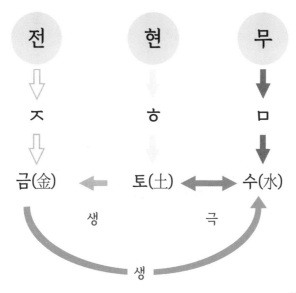

목木	木火金	木土金	木金土	木水土
화火	火土水	火金水	火水金	火木金
토土	土金木	土水木	土木水	土火水
금金	金水火	金木火	金火木	金土木
수水	水木土	水火土	水土火	水金火

예시) '변학도'라는 이름을 음(音)오행으로 풀이해 보자.

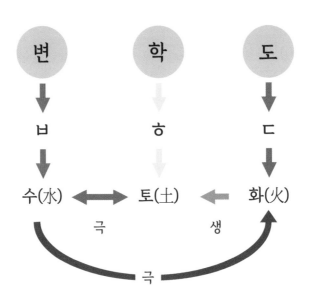

라. 상비(相比)관계

상비(相比)관계란 성씨(姓氏) 이름 모두가 같은 오행으로 배합이 된 것을 말하는데 길(吉)한 경우도 있겠지만 아닌 경우도 있다. 흙(土)과 흙(土), 물(水)과 물(水)이 서로 만나면 서로 같은 성질로 잘 배합이되 하나를 이루고 나무(木)와 나무(木)가 만나면 숲을 이루어 길(吉)하다.

그러나 쇠(金)와 쇠(金)만나면 부딪쳐 소리가 나고 불(火)와 불(火)가 만나면 전부 타버리고 남은 것이 없기 때문에 좋지 않다고 보지만, 같은 오행이 3개기 겹친 경우 같은 성질이기 때문에 중길(吉)하다고 봐도 무방하다.

◐ 길흉(吉凶) 상비배합(相比 配合) - 음(音)오행, 수리(數理)오행 모두 적용된다.

길운(吉運)	水 水 水	土 土 土	木 木 木
중길(中吉)	火 火 火	金 金 金	

예시) '아이유'라는 이름을 음(音)오행으로 풀이해 보자.

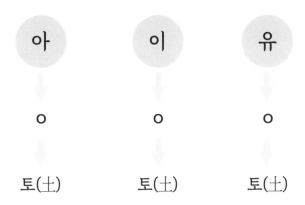

2   125가지 오행배합(五行配合)에 따른 해설 및 작명법

목 · 화 · 토 · 금 · 수(木 · 火 · 土 · 金 · 水)라는 오행 갖고 작명을 할 때 오행 배합이 상생(相生)하는 경우, 상극(相剋), 생극(生剋)하는 경우 상비(相比)하는 경우로 크게 4가지로 구분되며, 이 원리는 음오행(音五行)의 배합관계를 설명하고 있으나, 수리오행(원형이정元亨利貞)에 응용해서 사용해도 무방하다. 또한 이들 배합은 각각의 의미를 같고 있으며, 인생(人生)의 길(吉) 흉(凶)을 암시한다.

木 · 木 · 木

외유내강(外柔內剛)한 성품에 온건착실하고, 가정생활이 원만하고, 자녀의 덕이 있고, 인내력이 있으며, 총명하고, 지략도 있다. 사업 운세는 기반이 튼튼해서 하는 일마다 순조로워 날로 발전한다. 만약 이름의 수리(數理) 구성이 흉(凶)할 경우 나쁜 인연으로 원수를 맺어 해를 입을 수 있다.

木·木·火

감수성이 예민하여 희로애락이 극단으로 흐르기 쉽다. 총명하고 기략(機略)이 있다. 하는 일은 매사가 순조롭고, 목적을 달성하여 일생 장수하고 풍족하다. 다만 도량이 부족하고 편애하는 경향이 있어 부부 간에 있을 불화가 염려된다.

木·木·土

총명하고 재주와 지략 있고 착실하며 외유내강(外柔內剛)한 성격에 인내심이 많다. 사교성이 좋고 신용을 잘 지키므로 타인의 호감을 받는다. 운세가 순조로우니 성공해서 의기양양하며 가정도 화목하고 자녀들도 복이 많고, 심신이 건전하여 장수한다.

木·木·金

성품이 정직해서 타인을 대함에 성심을 다하고 물질적 이익보다 의리를 중히 여긴다. 그러나 지나치게 완고해서 오히려 인간관계에서 문제가 생겨 동료로부터 반감을 갖게 된다. 사업에 대한 성공운은 있으나 성패가 무상하다. 괜한 일로 주의 동료로부터 피해를 당하고, 부하직원으로부터 배신을 당하는 등 늘 불안하다.

木·木·水

열정적이며 감수성이 예민하여 타인에 대한 이해심 깊고, 온건 착실한 노력가이다. 가정생활은 원만하고 자녀들도 효심이 많다. 그러나 가끔 번민에 실의에 빠져 방황하는 경우도 있다. 사업운은 있으나 일시적이고 오래가지 못한다. 겉으로 보기에는 안정된 것으로 보이지만 종국에는 실패를 한다.

6

木 · 火 · 木

기본적으로 친절하다. 그러나 감수성이 예민하여 좋고 싫어함을 극단적으로 표현한다. 특히 이성에게 너그럽게 대하여 사이 좋게 지내니 색정에 빠지는 것을 주의해야 된다. 운세는 상하를 막론하고 도움을 받아 순조롭게 성공 발전하여 지위나 재산이 안전하다. 또한 조상(祖上)의 은덕이 있고, 자녀들이 온순하며, 심신이 건전하니 행복과 장수를 누린다.

7

木 · 火 · 火

성격이 급하여 희노(喜怒)와 애정이 극단적이다. 용맹과감하여 투지력이 강하고 쉽게 성내고 쉽게 풀리는 성격이다. 사회생활은 위 사람의 덕이 있어 순조롭게 발전한다. 그러나 인내력이 부족하여 오래 가지 못하고 실패하는 경우도 있다. 가정생활은 원만한 편이나 병약하여 건강에 주의해야 하다. 혹 이성문제로 인해 고난을 당할 수 있으니 항상 바른 생각을 해야 된다.

8

木 · 火 · 土

본성이 온순선량하고 감수성이 뛰어나며 정열적이고, 온화, 친절, 예의가 있어 대인관계가 원만하여 윗사람의 도움을 받아 순조롭게 성공 발달한다. 또한 심신이 건강하여 장수 부귀를 누리며 부모에게 효도하는 자식을 두게 된다.

9

木 · 火 · 金

허영심이 많고 좋아하는 것이 편향적이라 풍류에 놀아나기 쉽다. 사업은 성공한 것으로 보이나 실상 복잡하다. 아랫사람으로부터 배신을 당해 해를 입고 성공은 한번에 그치고 만다. 가정도 불길하여 자식이 부모를 대하는 것이 불손하다. 건강은 호흡기질환, 비장, 피부병을 주의하여야 한다.

木 · 火 · 水

성품이 강하고 주벽(酒癖)이 많다 위 사람의 도움으로 성공은 하나 일시적이요, 재화를 당하여 불안하다. 아랫사람과 뜻이 맞지 않아 고 단분투(苦單奮鬪)하는 상이며, 산업은 실패가 빈번하다. 만약 이름 의 수리(數理)가 흉(凶)하면 불길한 징조가 내포하고 있으니, 건강 을 살피되 신경과민, 심장질환을 조심하여야 한다.

木 · 土 · 木

호기심이 많으나 지구력(持久力)이 약하며 쉽게 실증을 잘 내는 성 격이다. 환경이 불안하고 직장 또는 거주지이동이 많다. 부모, 처자 의 인연(因緣)이 박약하여 고독한 상이다. 위장병, 신경쇠약 질환을 주의 해야 된다.

木 · 土 · 火

호기심이 많고 인내력은 있으나, 환경이 바뀔 때 마다 변동이 잦고, 불평불만이 많아 재앙을 면하기 어렵다. 그러나 이름의 수리(數理) 구성이 길하면 조그만 성공은 기약한다. 그리고 부모의 덕(德)은 없 으나 자식으로부터 효도는 받는다.

木 · 土 · 土

온건후덕하고, 내성적인 성격으로 주위의 유혹에 쉽게 넘어간다. 성 공발달운이 억압당하는 형세를 피하지 못하므로 불평불만이 떠나지 않는다. 부모의 덕도 없고, 부부간에 정도 없으나 자녀와는 화목하다. 평생 삶을 볼 때 굴곡이 없이 평탄하다.

木 · 土 · 金

세심하고 소극적이며 활동성이 없다. 타인에게 복종 당하기도 싫어한다. 환경이 불안하여 불평불만이 많고 큰 발전이 없다. 부모무덕(父母無德)하고 자식운은 원만한 편이다. 그러나 남녀모두 색정(色情)에 빠지기 쉬우니 조심해야 한다.

木 · 土 · 水

담소(膽小)하고 보수적이며, 사람에 따라 친절도 베푸나, 사람과 교제가 넓지 못하는 편이라 타인과 원수를 맺기 쉽다. 하는 일마다 실패하여 불만이 많을뿐더러, 급변전락(急變轉落)하여 사소한 재앙이 끊이지 않는다. 그리고 가정이 평온치 못하다.

木 · 金 · 木

침묵과언(沈默誇言)하여, 자기의사를 표현하는 능력이 부족하고 고집이 세 사고가 넓지 못하다. 또한 소심하고 반발심이 많으나, 인정미도 많다. 외부내빈격(外富內貧格)으로 재앙이 많고 발전성이 희박하며 가정운이 불행하다. 자녀에게 지나치게 엄중한 편이며, 건강은 심신과로, 신경쇠약, 근시 등의 신액(身厄)이 따르기 쉽다.

木 · 金 · 火

세상사에 어두워 신분을 망각한 언동과 행동을 한다. 자승자박(自繩自縛)을 잘하며, 사람을 낮추어 보는 경향이 있다. 기초가 불안하여 만족할 만한 성공을 얻지 못한다. 자녀는 덕이 없고 말년은 더욱 불행하다. 건강은 신경쇠약을 주의해야 하고 이름의 수리(數理)구성이 흉하면 우울증, 자살 등의 액운이 초래한다.

木·金·土

침묵(沈默)을 지키고 말이 적으나 마음속에 불평불만을 품고 있다. 비록 성공운은 없으나 각고의 노력으로 상당한 과정까지 발전한다. 그러나 심신이 불건전하여 방심하다 불행을 초래한다.

木·金·金

재주가 뛰어나고 원만하나, 자만심이 가득해 말 실수가 잦은 편으로 시비언쟁을 잘한다. 또한 타인의 입에 오르려 가까이 하려 않으니 고독하며, 성공운이 좋지 못하고 가정파탄과 처자(妻子)와 불화가 잦다. 건강은 심신과로, 이비인후(耳鼻咽喉)등에 고생할 수 있다.

木·金·水

말수가 적고 표정이 자주 변하며 항시 불안해 한다. 번민과 불안이 떠나지 않고 곤란한 일이 자주 생기며 노력한 만큼 보람을 얻지 못한다. 하는 일이 잘되어 가는 중에도 실패하여 급변 몰락하여 비운에 빠지게 되며 자식의 운도 좋지 못하다. 뇌출혈, 불의사고 등의 흉액이 내재하고 있다.

木·水·木

천성이 온순하여 윗사람을 곤경하고 아랫사람을 사랑한다. 어려운 가운데 재앙이 있을지라도 자연히 사라지고 날로 운세가 상승하고 계획을 세우는 일마다 순조롭게 풀리기 시작한다. 단 자식의 실패 수가 있는 것이 단점이다. 만약 이름의 수리(數理)구성이 흉(凶)하면 병액이 따르는데 심할 경우 단명(短命)할 수도 있다.

木 · 水 · 火

민감하고 신경질이 많으며 자신의 과실을 너그럽게 이해하는 관용이 부족하다. 사업운은 어느 정도 순조로워 성공발전을 기약한다. 그러나 가정은 불행하게도 처자(妻子)을 극하는 운세다.

木 · 水 · 土

스스로 잘난 줄 알고 거만하고 자기의 처지를 망각하는 경우가 있다. 외적으로는 평온한 듯하나 내면적으로는 안타까움과 고뇌가 있으며 성공은 일시적이요, 안정을 못하고 일생을 방황한다. 불의의 급변과 재앙이 따르며 부모에게 불효하고 자식에게도 모질게 한다.

木 · 水 · 金

본성은 선량하나 일에 주의력이 소홀함이 많다. 비록 성공 발전하는 운을 갖고 있으나 내적으로는 실패의 암시도 같이 따른다. 만약 이름 수리(數理)구성이 길하면 크게 성공하고, 수리(數理)가 모두 불길하면 생각지 않은 변괴가 발행하여 실패의 고배를 마신다. 건강은 신장염 계통에 주의하라.

木 · 水 · 水

이기적이고 인색해서 물질만 아는 까닭에 타인으로부터 뻔뻔스럽다는 혹평을 듣기 쉽다.
성공운이 순조로워 부귀를 누린다. 그러나 오래가지 못하고 파란(波瀾), 변전(變轉)으로 인해 실패하여 가정이 불행하고 고독한 운세이다. 생계는 독립적으로 운영하는 것이 좋다.

火・木・木

외유내강(外柔內剛)하고 승부욕이 강하며 노력가이다. 항시 귀인의 도움이 있고 기초가 튼튼해 늘 발전하는 운이다. 또한 심신도 건강하고, 성공운이 빨라 쉽게 목적을 달성한다.

火・木・火

심지가 곧고 타인을 배려할 줄 안다. 그러나 자존심이 강해 지기를 싫어한다. 일생 큰 재난 없이 평온하며 목표가 정해지면 열심히 노력해 성공한다. 큰 욕심을 내지않고 평범하게 장수복록(長壽福祿)을 누린다.

火・木・土

승부욕은 강하나 사회생활은 원만하다. 단 여색을 좋아해 그로 인한 포액(包厄)을 당 할까 염려된다. 기초가 튼튼해 성공운이 순조로워 부귀를 누리며, 심신이 건강해 화목한 가정생활을 누린다.

火・木・金

애민한 성격으로 승부를 짓기를 좋아한다. 그러나 끝까지 끝내는 힘이 없어 유시무종(有始無終)하다. 한때 성공은 하나, 아랫사람의 변심으로 실패하고, 가정운도 불행해서 자식은 불효하고 가정도 어지러워진다. 건강은 심신과로로 인해 뇌출혈 간경화를 주의해야 한다.

火・木・水

외유내강(外柔內剛)하나 승부욕과 시기심이 많고 투쟁을 잘한다. 비록 고통을 참고 성공발달하나 일시적이요, 결국 실패하고 난산급변(難散急變) 유난방랑(流難妨浪)한다. 부모의 덕은 있으나 가정이 불안하고 자식운도 불길하다.

火·火·木

친절하고 흡입력이 있으므로 사람을 잘 다룬다. 여자일 경우는 매력이 있다. 타인과 동업을 하거나 남의 힘을 빌어 사업을 경영하면 순풍에 배를 띄우는 것 같이 순조롭게 잘 풀리며 성공한다. 심신이 건전하여 장수하며, 가정생활은 원만하고 자녀들이 효도한다.

火·火·火

용맹과감하고 정열적이다. 단, 인내력이 결핍되어 조급하고 폭발적이다. 간간히 성공운은 있으나 기초가 박약하여 경솔한 처사를 잘하니 결국 실패를 한다. 가정의 처자(妻子)는 불만이 많고 고단하고 노고가 따른다.

火·火·土

온유하고 수양가적기질(修養家的氣質)이 충분하다. 선길후흉격(先吉後凶格) 겉으로 보기엔 길(吉)해 보이나 실상은 운이 산산이 흩어져 사라져가고 있다. 일시적 성공인 기약 할지라도 곧 재난과 비참한 환경에 빠지게 된다. 색난(色難)에 주의 할 것이며, 부모의 인연이 박하여 어린 시절 고독하게 생계를 꾸려가야 한다.

火·火·金

성격이 조급하고 풍류적이며, 허식, 사치스럽고 허영심도 있고 호색가 이다. 타인이 보기에는 안정적으로 보이나 사실상 실속은 그렇지 못하다. 사회생활은 아랫사람의 모함으로 실패하고, 가정불화, 처를 극(剋)한다.

火 · 火 · 水

조급하고 신경질이 많으며 소심하다. 무슨 일이든 세심하게 살피다가 기회를 잃고 실의에 빠지게 된다. 한번의 성공은 있으나 의외의 재화(災禍), 급변으로 재산과 건강을 잃게 되며 가정불화도 크다. 만약 이름수리(修理) 구성이 흉하면 건강에 특히 주의해야 된다.

火 · 土 · 木

온순하고 아량이 넓으며 사람을 대함에 진실성이 있다. 조부, 윗사람의 은덕이 있다. 그러나 영향은 일시적이요, 결국은 성패다단(成敗多端)으로 재산을 잃고 가정도 화목하지 못하다.

火 · 土 · 火

성격이 온순후덕(溫順厚德)하고 친절하여 사람들을 정성으로 예의 있게 대접한다. 부모, 혹 윗사람의 도움을 입어 발전이 순조롭고 의외의 성공을 기약한다. 뿐만 아니라 아랫사람의 보좌하는 영향도 적지 않으므로 일생 근심 없는 기반을 착실히 닦는다.

火 · 土 · 土

천성이 부지런하고 원만하여 타인으로부터 인심을 얻는다. 부모나 윗사람의 도움을 입어 비록 큰 성공은 거두지 못 할지라도 운이 평탄하여 소소한 목적은 도달한다. 가정도 평온하고 심신도 건전하여 일생행복을 누린다.

火·土·金

성격이 원만하고 신용이 있으나 소극적인 경향이 있다. 부모, 조상, 윗사람의 언덕으로 한때 성공발전하나 운의 천변(天變)이 많아 때때로 곤경에 처하는 경우가 있다. 가정은 처자(妻子)의 덕이 없고, 건강은 심장병을 조심해야 한다.

火·土·水

인정이 없고 사람을 진심으로 대하지 않으며 교묘한 수작으로 잘 이용한다. 비록 윗사람의 비호를 받으나 시작은 좋으나 종국에는 실패, 실직 등 재앙으로 변천한다. 자식의 덕이 없고, 건강은 위장병 뇌출혈 등 병액(病厄)이 심하며 급사(急死)할 수도 있다.

火·金·木

담이 작고 의심이 많으며 행동은 민첩 하다. 윗사람의 보살핌이 있어 순조로운 것 같으나 실속은 없다. 만약 조심성 있게 처세하면 다소 안정을 얻을 수 있으나, 조급히 굴면 크게 실패하여 불행에 빠진다. 우울증, 자살 등의 흉액(凶厄)을 조심해야 된다.

火·金·火

조심성이 없고 언어행동이 삼가하지 못하며, 자신에 대한 비판력이 결여되고 자승자박에 빠지기 쉽다. 기초가 불안정하여 성공하기 어렵고 시비쟁송(是非爭訟)이 따른다. 그리고 가정과 인연이 박하여 고단무의(孤單無依)한 격이다. 건강은 호흡기 질병, 정신병 등을 조심해야 된다.

火 · 金 · 土

민감하고 의심이 많으며 스스로 잘난 척을 잘한다. 그로 인해 타인으로부터 비판을 받아 성공에 장애가 된다. 초년에는 가정환경이 좋아 안정된 생활을 하나, 성공운이 적어 발달이 어렵다.

火 · 金 · 金

재능이 출중해 자신의 재주만 믿고 잘난 척하기를 좋아한다. 또한 이상은 높으나 뜻을 이루지 못하고 불평불만이 가득해 사람들이 인간관계를 갖기 싫어한다. 고독, 색정(色情)을 조심해야 된다.

火 · 金 · 水

감정이 애민하고 의심이 많다. 가정은 적막하고 고독해서 의지할 때가 없다. 사업운은 갑작스럽게 몰락의 징조가 있고, 어려움이 많고 걱정이 많아 성공하기가 힘들다.

火 · 水 · 木

기(氣)가 약하고 정(精)에 약하다. 복종심이 없고 불안하다. 하는 일마다 운(運)은 매번 엇갈려 가는데 혹 우연히 성공하는 일도 있으나, 대체적으로 파란과 급변과 같은 예사롭지 못한 일이 발생한다. 건강은 폐질환에 주의 해야 된다.

火 · 水 · 火

감정이 예민하고 신경질이 많으며 책임감이 없고 복종심이 부족하다. 재앙이 빈번하고 이산(離散) 종종 있으니 생활이 불안정하여 마치 풍전등화(風前燈火)와 같은 운명이다. 가정은 처자(妻子)이별, 건강은 허약, 뇌출혈 등의 액운을 조심해야 된다.

火 · 水 · 土

잘난 체 하고 거만해서 윗사람을 존경하고 복종하는 마음이 부족하다. 표면적으로는 안정되어 보이나 속은 불안해 번민이 많아 성패가 다단(多端)하며, 급변, 급과(急過)로 몰락하기 쉽다. 가정은 인연이 없고 처자(妻子)와 평화롭지 못하다.

火 · 水 · 金

책임감이 있고 큰 공을 세우기를 좋아하나, 윗사람의 지시를 잘 듣지 안고 독단적인 행동을 잘 한다. 성공운은 있으나 운세는 대체적으로 침체되어 불평불만이 쌓여 괴변을 늘어놓는다. 재앙, 가정파탄 등이 예견되며, 부모자녀와의 인연이 박(薄)하여 가정생활이 불행하다.

火 · 水 · 水

자존심이 강하고 승부 짓기를 좋아하며 스스로가 잘난 줄 알아 무리화 동화력이 부족하다. 한때 성공운은 있으나 이산(離散), 급변(急變), 병난(病難) 등 불행이 있다.

土 · 木 · 木

외유내강(外柔內剛)하나 자기자신을 의심하는 습성이 있고 복종심이 부족하다. 주위에서 도와주는 사람이 있어 기초는 안정돼 겉보기는 좋으나 실속은 비어있다. 발전은 느리고 번민이 따르며 부모자손(父母子孫)의 덕(德)이 없다.

土 · 木 · 火

적극적인 성격에 노력가이며, 때론 자기가 옳다고 생각하면 목적을 달성하기 위해 투쟁의식이 강하다. 비교적 성공이 느리고 인고와 번뇌가 있다. 오직 쉬지 않고 노력함으로 발전을 기약하며, 효심(孝心) 있는 자녀를 두게 된다.

土 · 木 · 土

고집이 있고 생각이 정확함으로 세상의 풍속이나 인습에 쉽게 물들지 않는다. 기초 견고하나 성공 운은 더디고, 숨은 재주는 있으나, 써먹지 못하여 번민하게 된다. 만약 방황을 끝내면 성공운은 있다. 대체적으로 안정된 생활을 하나, 신경쇠약, 위장병 등 병난(病難)의 염려된다.

土 · 木 · 金

편안한 것을 좋아하고, 오락을 즐기며, 명령 받는 것을 싫어한다. 약간의 성공의 희망은 있다 .다만 환경변동이 많고 아랫사람의 비방과 배신으로 피해를 입으며, 노심노력(勞心勞力)한 보람없이 종국에는 실패한다. 가정인연이 박하고, 가사(家事)도 등한시 하는 경향이 있다.

土 · 木 · 水

정직하고 노력가이며 지기(志氣)가 높다. 외적으로는 길상(吉相)이나 실속의 사정은 그렇지 못하다.
한때 순탄하여 성공운이 있으나 결국 품은 재간(才幹)에 적합한 성과를 거두지 못하고 번뇌를 일으키고 파란(波瀾), 급변(急變), 실패의 흉조가 발생한다.

土·火·木

모든 일에 적극적이고 활동적이며 여자경우 온순하다. 명예와 재산이 쌍전(雙全)이다. 기초가 튼튼하고, 아랫사람의 보좌지덕(輔佐之德)이 있으며, 목적을 달성해서 직위와 재산을 확보한다. 또 심신이 안정하고, 여자경우 부모에게 효도하고 어질다.

土·火·火

괴변성(怪變性)이 있고 신앙을 좋아한다. 여자경우 명안(明眼)하고 매력이 있으나 인내심이 강하지 못하다. 일시적으로 쉽게 뜻을 이루어 성공을 얻는다. 다만 기초가 박약(薄弱)하여 오래가지 못하고 실패에 빠지는데, 혹 귀인의 도움을 입게 된다면 파죽지세로 크게 발전할 수도 있다. 그러나 가족과 인연이 박하여 홀로 생활 할 운으로 고독무의(孤獨無依)하니 주색을 주의 할 것.

土·火·土

모든 일에 적극적이요, 사람을 상대함에 친절하고 정성을 다한다. 기초가 견실(堅實)하여 소정의 목적을 순조롭게 달성하니 공명(公明)을 성취해서 심신이 평안하다. 단 자녀의 우환이 염려되며, 건강은 고혈압을 주의 할 것.

土·火·金

강직하고 성급하며 무슨 일이든 고민 없이 급하게 처리하고, 아랫사람과 잘 다투어 성공은 일시적이다. 언뜻 보기는 안정돼 보이나 실상은 그렇지 않으며, 가정은 불안하다. 건강은 신경과민, 폐, 등에 주의 할 것.

土·火·水

담력이 작고 신경과민 주의가 박약하여 사실을 여러 번 부정하고, 여자는 쉽게 주의의 유혹에 빠지기쉽다. 급변과 돌발지사(突發之事)가 발생한다. 일시적 성공이나 가정불화, 손재(損財), 질병등의 재앙으로 불안정하여 심장마비, 뇌출혈 등 흉변(凶變)의 징조가 있다.

土·土·木

정직하고 자부심이 강하다. 대인관계는 쉽게 친하고, 쉽게 멀어지기를 잘한다. 변화 이동이 빈번하여 불안정한 운명이다. 가정도 불안하고 자식 덕도 없으나 만년(晩年)에 성공하는 경우도 있다.

土·土·火

정직, 인내, 노력가이며 여자는 사랑을 이끄는 매력이 있다. 성공운이 늦어 온갖 고난을 극복하고 난 뒤 성공 발달해 명예와 부귀를 얻는다. 또한 가정이 화목하고 자녀가 효순(孝順) 하여 행복한 가정을 이끈다.

土·土·土

사람이 활발하지 못하고, 비겁하고 좀스러우며 변변치 못해 괴변 늘어놓는다. 발달운은 느리나 대체적으로 행복하다. 한걸음 한걸음 발전해 갈수록 성취가 증진되는 운으로 가정생활도 행복하다. 단 이름의 수리(數理)가 흉하면 불행과 고난을 면치 못한다.

土·土·金

행동이 느리고 태만하며 소극적이다. 여자는 정조관념(貞操觀念)이 부족하여 색정에 빠져 인액(因厄)을 당하기 쉽다. 성공운은 느리나 안정성 있게 발전한다. 심신이 건전하여 장수한다.

65 土 · 土 · 水

개성이 강하며 완강해서 복종심이 없디. 정리(情理)를 중시하고 언변이 좋다. 비록 일시적 성공운은 있으나 기초가 불안정하여 실패한다. 변괴(變怪), 재화(災禍) 인해 건강과 재산을 손실하며 가정생활도 불행하다. 건강은 불길하고 질병, 변사(變死)의 흉액(凶厄)도 내포하고 있다.

66 土 · 金 · 木

감성이 예민(銳敏)하고, 의심이 많으며 소심해 담력이 부족하다. 그러나 윗사람의 혜택을 받아 일시적으로 성공을 하나 외부내빈(外富內貧)이며, 매사에 의심하지 않으면 급변몰락(急變沒落)의 실의에 빠지게 된다. 건강은 신경쇠약 등 질병에 걸릴까 우려된다.

67 土 · 金 · 火

자신의 감정을 억제하지 못하고 자기계발에 게으르며 자포자기(自暴自棄)을 잘한다. 윗사람의 도움으로 성공운은 있으나 일시적이요, 환경이 나빠 가정파탄이 잦으며, 자녀가 모두 불효한다. 건강은 호흡기질환에 주의 할 것.

68 土 · 金 · 土

성격이 조금 소극적인 경향이 있으나, 온유평화(溫柔平和)해서 윗사람을 공경하고, 아랫사람을 잘 보살핀다. 상,하의 도움을 받아 기초를 튼튼히 세운다. 심신이 편안하고, 성공발전운이 순조로우며 부모처자(父母妻子)의 은덕이 있다. 가정생활도 원만하고, 건강 장수한다.

土 · 金 · 金

사람을 포용하는 도량과 일을 처리하는 능력이 부족하고 소극적이나, 자부심은 많아 높은 곳을 향한다. 만약 이름의 수리(數理)가 좋을 경우 사람과의 관계에 힘쓰면 운이 순조로워 크게 성공 한다. 그러나 무례한 행동과 말을 쓰면 불화로 인해 고립(孤立)되고, 마침내 실패를 하니 주의 해야 한다.

土 · 金 · 水

자부심이 강하고 거만하다. 사람에 따라서는 윗사람에게 아부하고, 아랫사람에게는 멸시하는 경우가 많다. 얕은 수단과 방법으로 인해 일시적 성공을 얻을 수 있으나 오래가지 못하고 결국 의외의 재난으로 실패 등의 파경에 이르고 만다.

土 · 水 · 木

온순 침착하고, 재능도 있으나 활동성이 부족한 것이 단점이다. 상부(相富)한 실력은 있으나 활동성 결핍으로 추진력이 약하여 발전이 더디다. 도노무공(徒勞無功)이요, 불평불만 있고 타인의 조소(嘲笑)를 받는다. 가정불화, 급변의 고난이 있으며, 단명의 우려가 있다.

土 · 水 · 火

감정이 예민하고 재략이 있으나 신경질이 많으며 활동력이 부족하다. 비록 좋은 실력이 있으나 품은 재간(才幹)을 써먹지 못하다. 급변몰락의 재앙이 이르고 부모가 덕이 없고, 처자이별(妻子離別), 생명, 재산을 상실한다. 건강은 순환기계통의 질환을 주의해야 한다.

土 · 水 · 土

총명하고, 재능은 있으나 활동력이 부족하다. 표면은 안정하나 종내 불안에 빠진다. 환경이 나쁘고 도노무공(徒勞無功)이며 변동, 횡액(橫厄)등이 따르고, 부모부덕에 자녀 불효한다. 건강은 심장병, 심장마비, 신장병 등의 인액(因厄)을 조심해야 된다.

土 · 水 · 金

자부심이 많고 거만하여 자기만 못한 사람을 경시한다. 하는 일마다 연성연패(蓮成蓮敗)한다. 약간의 윗사람의 혜택으로 안정을 얻으나 말이 앞서고 실력은 부족하며, 노력에 비하여 공과(功過)가 적다. 가정은 가족과 생이사별수(生離死別數)로 급변몰락의 재앙이 있으며, 건강은 골절(骨折)을 주의 해야 한다.

土 · 水 · 水

행동이 민첩(敏捷)하고 완만하며 낯이 두껍다. 하는 일은 일시적으로 성공은 거두나 재간(才幹)을 펴지 못하고 노력한 공노가 수포로 돌아간다. 파란변동(波瀾變動)이 많고 급변, 재화가 있으며 가정불화로 고통에 빠지기 쉽다. 여자는 대하증(帶下症)으로 고생한다

金 · 木 · 木

감성은 예민하고 외유내강 하다. 사람을 만남과 사귐에 있어 의심이 많아 진실성이 없으나, 노력은 한다. 하는 일은 기반이 튼튼하여 남의 도움을 받게 되나, 성공은 어렵고 가족이 해어지고, 불안 속에서 세월을 보낸다. 건강은 신경쇠약 등 주의해야 하며, 심할 경우 반신불구의 위험이 있다.

金 · 木 · 火

감성은 예민하고 의심이 많다. 삶이 평범하여 실패의 굴곡이 없으므로 큰 성공이나 발전을 기대하기 어렵다. 그렇다고 불평불만이 많으면 가정이 화목하지 못하고 불행하다.

金 · 木 · 土

의심이 많고 어른이나 상사를 공경하지 않고 버릇없이 행동한다. 정신력이 박약하여 매사를 아래로 내려다 봐 성공을 기대하기 어렵다. 그리고 갑자기 불행해 지기도 쉽다. 건강은 정신쇠약, 호흡기 질환을 주의 해야 한다.

金 · 木 · 金

감성은 예민하고 다정다감하나 의심이 많다. 환경변화가 일정하지 못하여, 이동이 심하고 불평불만이 많으며, 매사에 하는 일마다 피해를 입어 되는 일이 없다. 가정불화에 파란이 많고, 혹, 부부이별 등으로 인해 우울하게 지낸다. 정신쇠약, 폐병, 발광의 흉액(凶厄)이 내포되어있다.

金 · 木 · 水

타인을 배려하며 희생할 줄 안다. 인내력이 강하여 일시적 성공은 있으나, 길지 못하고 종국에는 역경과 이변으로 인하여 실패의 고배(苦杯)를 마시거나, 처자(妻子)와 인연이 박해 이별한다.

金·火·木

성실 친절하나, 주의로부터 잘난 채 한다는 평가를 받는다. 기초는 안정되 부하직원 또는 아랫사람의 도움이 있어 성공을 하나 일시적이다. 지위, 재산도 있지만 점차 운이 쇠약해 불행의 경지까지 몰고 간다. 신경과민, 폐병의 염려가 있으며, 발광, 변사의 흉조가 담겨있다.

金·火·火

잘난 체 하여 뽐내기를 좋아하고, 허영심이 많으며 교묘하게 허세를 부린다. 한때 발전과 성공운이 있으나 오래가지 못하고 실패한다. 고단불만(孤單不滿)하여 고민이 많아 심신과로, 신경쇠약, 폐병의 우려가 있다. 만약 이름의 수리(數理)가 좋지 못하면 발광(發狂), 변사의 횡액을 당한다.

金·火·土

자부심이 많고 잘난체 하며, 교묘한 말로 가식(假飾)을 잘 부린다. 초년에 기초가 튼튼하고, 환경이 안정된다. 그러나 세월이 흐르며 운세가 악화되어 발전이 없고, 도노무공(徒勞無功)이요, 부부불화, 가정불화 등으로 종내(終乃)는 실의와 실패에 빠진다.

金·火·金

오만하고, 잘난체하여 과장을 잘하고, 여자경우 풍류에 빠지기 쉽다. 겉으로 보기에는 안정 행복한 것 같으나 실속은 그렇지 못하다. 불신 불만과 시비쟁송(是非爭訟)이 많고 진행하는 일이 원만치 못하며, 발광, 변사, 자살 등을 조심해야 한다.

金 · 火 · 水

외유내강하고 우아하고 품위가 있으며 고집이 세다. 운세가 불안정하여 발전이 어렵다. 의외의 급변, 재난을 만나 재산의 손실이 크며 가정은 행복하나 오래 이어가기 어렵다. 건강은 신경쇠약, 폐병 등 염려가 되며, 심할 경우 발광, 변사의 위험이 있다.

金 · 土 · 木

자존심이 강하여 남에게 굴복하기 싫어하고, 풍자적(諷刺的) 기질이 있다. 하는 일은 처음에는 순조롭게 목적을 달성하나, 환경이 불안정하여 길흉(吉凶)이 반복되어 발전이 없다. 가정은 부모의 덕(德)은 있으나 자식이 불효한다.

金 · 土 · 火

자기의 결점(缺點)을 엄폐하고, 교묘한 수단으로 윗사람의 비위를 맞추어 자기만 못한 사람을 멸시 한다. 기초가 견고하여 생각하지 못한 성공발전으로 명예와 부귀를 함께 얻는다. 다만 간간히 융변(凶變)이 발생하고, 불행에 빠지는 경우도 있다.

金 · 土 · 土

과장을 잘하는 성격으로, 타인에게 지기를 싫어해 노력을 아끼지 않는다. 운은 순조롭게 발전하여, 명리(名利)를 상(賞)으로 얻으므로 일신이 평안 행복하다. 또한 윗사람의 덕을 입어 자녀가 화평하고 심신이 건강하여 장수 한다.

金·土·金

성격은 원만하나 소극적이요, 명예를 존중(尊重)히 여기므로 신용을 잘 지킨다. 가정은 원만하고 화평하며, 무슨 일이든지 순조로워 성공발전이 크다. 집안은 번창하며 명예와 복록(福祿)이 충만하고 심신(心身)이 건전하여 장수한다.

金·土·水

사람을 진심으로 대하지 않고 농간(弄奸)을 부리다, 자기 꾀에 넘어가 크게 실패한다. 비록 일시적인 성공운은 있으나 점차 무너지기 시작하여 급기야 재난과 불상사가 속출하여 실패로 이어진다. 가정은 처자는 덕도 없고 외상(外傷), 객사(客死) 등 흉변(凶變)의 징조가 엿보인다.

金·金·木

성격이 지나치게 강하고 사람을 대하고 일을 처리하는 도량이 넓지 못하며 민감하고 의심이 많다.
우선 조금은 성공발달 함으로 외면적으로는 안정되어 보이나 내면에 있어서는 쇠운(衰運)의 징조가 엿보인다. 가정은 부부불화, 자녀불행, 처자이별 등 위험이 있다.

金·金·火

성격이 과격하고 편협하여 단체생활에 동화력(同化力)이 없으며 자신의 신분을 망각한 언행을 저질러 자승자박에 빠지기 쉽다. 한때는 성공 발전하는 운이 있으나, 불안정한 운으로 의외의 재화(災禍), 변동이 심하고 부부불화(夫婦不和)에 자녀들은 불효한다.

金·金·土

성질이 강하고 사람을 대는 도량이 넓지 못하지만, 심신이 건전하여 순조롭게 성공하여 목적을 달성한다. 그러나 이름의 수리(數理)가 불길하면 상상(想像)할 수 없는 재변(災變)으로 불행에 빠져 가정이 화목하지 못한다.

金·金·金

재능이 있고 책략(策略)이 비범하다. 그러나 너무 잘난 척 하는 경향이 있다. 성공발전 할 수 있는 운은 있다. 그러나 언행을 주의하고, 공손하지 않으면 뜻밖의 불상사(不祥事)가 생겨 기반을 넘어뜨리게 될 우려가 있다. 그리고 부부불화, 고독, 가족과 생사별(生死別)하는 비극을 초래한다.

金·金·水

외유내강(外柔內剛)하며 타인과 협력해서 성공을 이루나, 도량이 좁아 다른 사람과 화목을 지키기는 어렵다. 단, 주위의 사람의 의견을 참작하라. 그러하지 않으면 남의 미움을 받게 되어 되돌릴 수 없는 재앙과 급변몰락의 큰 실패를 면키 어렵다. 또한 가정불화가 염려된다.

金·水·木

온후(溫厚)하고 재략(才略)이 있으나 활동력이 부족하다. 부모, 조상의 은덕이 있어 노력 없이도 기초가 견실(堅實)하여 성공 발전하여 명예와 재산이 풍족하다. 단, 가정불화, 폐병, 심장병의 근심이 있는 징조다.

金 · 水 · 火

감성은 예민하고 신경질적이나 노력형이다. 윗사람 혹 부모, 조상의 은덕으로 의외의 성공을 얻어 풍족한 생활을 누리게 되나, 일시적이요 운세(運勢)가 쇠약해져 실패, 변고 등으로 인하여 곤경에 빠지게 된다. 뿐만 아니라 성패가 다단(多端)한 가운데 처자(妻子)와 생사별 할 흉조가 있다.

金 · 水 · 土

자부심이 강하고 자신을 과신하는 경향이 있으며 거만하다. 표면은 안정되어 그럴듯해 보이나 실속은 빈곤하다. 초년에 부모조상의 덕(德)으로 부유하게 자라게 되나 운세가 점차 쇠약하여 재산을 탕진하고, 다시 재기하지 못한다. 정신질환으로 고생한다.

金 · 水 · 金

명랑쾌활(明朗快活)하고, 사교성이 좋으며 임기응변(臨機應變)의 수단이 있다. 부모, 조상의 은덕이 있어 의외로 크게 발전하여 가정도 평안하며, 재원(財源)도 마르지 않는다.

金 · 水 · 水

기지(奇智)가 발달하고 명랑쾌활하며 이해타산(利害打算)적이다. 보모조상의 은덕과 윗사람의 조력으로 발전하여 이상적 성공을 한다. 그러나 선길후흉(先吉後凶) 운으로 환경급변으로 인해 실패가 자주발생하고 종국에는 구사일생(九死一生) 곤경을 겪는다.

水 · 木 · 木

내유외강(內柔外剛)하나, 타인에게 의지해 도움을 바라는 경향이 많다. 선고후영(先苦後榮)이다. 초년에 고생하나 윗사람의 도움과 자신의 노력으로 순조롭게 성공한다. 심신이 건전해 장수한다.

水 · 木 · 火

감수성이 예민하고 눈치가 빠르며 표면은 인자해 보이나 내면은 엄격하다. 부모조상 및 윗사람의 덕이 있어, 성공 발달하여 평안을 얻는다. 선길후흉(先吉後凶)한 운세로 종국에는 실패하니, 파란(波瀾), 재화(災禍)등으로 불행하고, 신체가 허약하여 질병이 많다.

水 · 木 · 土

온화(溫和), 공손(恭遜), 선량(善良)하며, 유익한 계획을 잘 세운다. 기초가 반석(盤石)과 같아 튼튼하고 가뭄에 단비를 맞는 것같이 일취월장(日就月將)해서 순조롭게 발전한다. 또한 가정생활도 원만하고, 심신이 건전하여 장수한다.

水 · 木 · 金

마음은 연약하나 성품이 온순하여 희생정신이 있다. 메마른 초목에 단비가 내리는 형상(形象)으로 순조롭게 발전한다. 그러나 일시적(一時的) 길(吉)운이오 갈수록 운(運)이 나빠져 마침내 재화(災禍)로 실패한다. 건강은 심신과로, 폐병, 혹 와상(臥傷) 등으로 재난이 있다.

水 · 木 · 水

두뇌가 영민하고 감수성이 예민하며 노력가 이다. 선고후영격(先苦後榮格)이니 초년에는 인고(因苦)와 변동, 실패, 질병 등이 따르나 후에 노력으로 목적을 달성한다. 병약, 단명이 염려된다.

水 · 火 · 木

감성(感性)이 예민하고 성급하나, 기반이 튼튼하고 환경이 좋아 대인관계가 좋다. 그로 인해 상당한 발전이 있으나 중도 좌절하여 재난으로 급변하여 불행에 빠진다.

水 · 火 · 火

감성(感性)은 예민하며 정직하나, 성질이 급하여 한번 더 생각하지 않고 행동하는 경향이 있다. 일시적(一時的) 성공은 있으나, 급변재화로 실패한다. 일생(一生) 중 세 번은 이기고 세 번은 지는 격이니 파란(波瀾)이 계속되니 육친(肉親)의 (덕)德이 없고, 처자(妻子)를 보낸다.

水 · 火 · 土

감성(感性)이 예민하고, 조급하며 담력(膽力)이 적다. 기초는 튼튼하나 성공운의 인연이 없고 돌발상황이 자주 발생하며 재화(災禍)가 발생한다. 그러나 절처봉생(絶處逢生)으로 꼼짝없이 죽을 상황에서 다시 살아 성공하는 경우도 있다.

水 · 火 · 金

성품이 조급하고 감정은 예민하며, 배포가 크지 못하다. 겉보기는 안정되고 평온하나, 실상은 그렇지 못하다. 아랫사람으로 인한 상해를 입어 실패하고 급변재난(急變災難)의 징조가 있다. 간혹, 풍운아적(風雲兒的) 인물이 출생한다.

水 · 火 · 水

스스로 위대한 척 뽐내며, 타인과 싸워 이기려는 하는 마음이 강하다. 운로(運路)은 안정되나, 의외의 급변으로 생명과 재산을 잃게 된다. 가정 파탄이 있으니 이혼 혹은 사별(死別)이요, 건강은 뇌출혈, 심장마비 등 상서(祥瑞)롭지 못한 일이 발생하기 쉽다.

水 · 土 · 木

거만하고 편견이 많으며 허영심이 많아 남의 간섭(干涉)을 받기 싫어한다. 환경 또한 불안하여 자주 변화 이동하는 운이다. 타인으로 인해 장애가 많고 파란이 많으니 성공이 어렵다. 가정은 불화하여 자녀들은 불량(不良)하고, 단명(短命)할 염려가 있다.

水 · 土 · 火

성질이 강하고 승부욕이 강하며 허영심이 많다. 또한 다른 사람의 지배를 받으려 하지 않는다. 모든 일에 장애와 마(魔)가 많아 생긴다. 어려운 난관을 뒤로하고 간신히 성공의 문턱에 도달하나 오래가지 못하고 실패한다. 이름의 수리(數理)가 흉(凶)하면 단명(短命)의 우려가 있다.

水 · 土 · 土

허영심이 많고 성질이 강하여 승부욕이 있으나 활발하지 못하다. 모든 장애와 역경을 누르고 성공 발전하나 오래가지 못하고, 다시 실패를 하게 된다. 급변, 재화가 항시 따르고 질병으로 고생한다.

水·土·金

자존심이 강하고, 세밀한 성격으로 소극적이다. 다른 사람의 지배를 받으려 하지 않아 충고나 의견을 잘 받아 들이지 않는다. 운(運)은 대체적으로 평범한 생활을 누릴 수 있다. 그러나 목적을 세워 큰 일을 추진함에 있어 뜻하지 않는 장애가 발생하여 성공이 지극히 어렵다. 심신과로로 인해 허약하기 쉽다.

水·土·水

허영심이 많고 책임감(責任感)이 없으며, 남의 간섭을 싫어한다. 생활이 불안정하고, 급변전락(急變轉落)의 재앙으로 고난과 실의에서 벗어나기 어렵다. 건강은 소화기 질환으로 고생하고 생명(生命)의 위험도 없지 않다.

水·金·木

감성(感性)이 예민하고 세심하며 의심이 많고 화 내기를 잘한다. 처음에는 운이 순조로워 발전하나 중도에 변동이 발생하고 풍파가 돌발하여 뜻을 이루지 못하고 좌절한다. 가정은 일찍 부친(父親)과 이별할 수요, 상처별자(喪妻別子)한다. 혹 빈곤으로 인해 불구가 염려된다.

水·金·火

언행행동이 경솔하고 무게가 없으며 자승자기(自乘自棄)에 빠지기를 잘 한다. 처음에는 모든 일이 순조로워 용이하게 목적을 달성한다. 그러나 후반에 들어 차츰 운이 쇠퇴하고 말년에는 흉액이 심하다. 부모와는 인연이 없고 자녀들은 선량(善良)치 못하다.

水·金·土

품은 뜻이 원대하고 머리가 총명하여 무리를 통솔하는 기질을 갖추었다. 모든 일이 여의(如意)하고 발전이 순조로우며 목적을 달성해서 명성을 떨친다. 가정도 평안하고 심신이 항시 건전하여 장수복록(長壽福祿)을 누릴 대길(大吉)한 운이다.

水·金·金

재지기략(才智機略)이 출중하며 자존심이 강하다. 총명한 재간으로 능히 성공하여 자기의 뜻은 실천하나, 거만과 완고한 성격상의 결함으로 곧 잘 투쟁을 일으켜 본의 아니게 손해를 보는 경우가 있다. 이름의 수리(數理)가 길하면 대길(大吉)할 운이다.

水·金·水

온화하고 겸손(謙遜)하며, 분수 밖의 재물을 탐하지 않는 검소담백(儉素淡白)한 성격이다. 여자는 온순하여 남자의 뜻을 착실히 받든다. 처음에는 모든 일이 뜻과 같이 되어 행복과 안정을 누리나 후반은 불행하여 급변몰락(急變沒落) 하게 된다. 가정운이 불리하여 고독하고 심신이 허약하다.

水·水·木

자기를 과신하는 경향이 있고 큰 공을 세우기를 좋아한다. 분수를 지키고 적당한 위치에 만족하면 무사태평(無事泰平)하다. 그러나 성격상 포부가 지나쳐서 허황된 꿈을 세우고 있다가 모든 일이 수포로 돌아가니 만사는 일장춘몽(一場春夢) 되고 만다.

水·水·火

감성(感性)이 예민하고 신경질이 많으며 자기과신으로 황당무계(荒唐無稽)한 꿈을 잘 꾼다. 또 방탕(放蕩)한 기질이 농후해 꿈과 소망이 이루어 지지않는다. 고집을 내세워 일생 파란이 많고 도노무공(徒勞無功)이요, 부부불화에 자손마저 불량(不良)하다.

水·水·土

머리가 총명하고 거만하며 잘난 체 하고 방탕(放蕩)한 기질이 있다. 일시적인 성공은 순조롭게 이루어 진다. 그러나 불시의 재난, 급변, 허망한 일이 발생하고 가정불화에 자녀마저 불량(不良)하니, 결국 고독과 번뇌가 따른다. 질병, 단명의 운(運)이며 심장병으로 고생한다.

水·水·金

거만하고 자부심이 많으며 자기과신, 공노를 세우는 일에 급급(急急)하는 경향이다. 본래 기초가 견실(堅實)하고 성공 발전하여 재산과 명예를 모두 얻게 되나, 방심과 방탕한 기질 때문에 황당무계(荒唐無稽)한 욕심으로 분수에 넘치는 일을 하다 실패하여 비운을 초래한다.

水·水·水

자기과신이 지나치게 농후해 큰 공을 세우기에 급급(急急)하다. 초운(初運)의 길(吉)함은 일시적으로 크게 성공한다. 그러나 서서히 몰락하여 급변, 횡액(橫厄)등으로 실패하고, 가정도 불행하여 고독, 번민으로 세월을 보낸다. 간혹 이상적(理想的)으로 크게 성공하는 사람도 있다.

제4장

한자 획수에 따른
이름짓기

수리론(數理論)에 의한 작명법

1. 수리론
    가. 수의 원리
    나. 수의 분석
    다. 수의 음양

2. 이름의 사격(四格)
    가. 원형이정(元亨利貞)에 의한 작명
    나. 원형이정(元亨利貞) 수리에 따른 길흉
    다. 작명에서 부수 획수 계산
    라. 대법원선정 인명용한자
    마. 원형이정(元亨利貞) 수리에 따른 남녀 길흉일람표

1 수리론 數理論

가. 수(數) 의 원리

수(數)는 태극(太極)에서 기원해 우주전체의 이루고 있으며, 우주생명의 자체가 수의 요소가 되고, 우주의 삼라만상(森羅萬象)은 수로 인해 창조되고 수에 의해 지배된다.

우주의 대원령(大元靈)은 령(靈)과 체(體) 두 가지 요소로 결합되어있는데, 원래 우주의 생명은 그 존재가 자체가 시작도 없고 끝도 없으며 마치 무한의 원(圓)과 같다.

원(圓)은 동그라미로 령(靈)을 말하는데 령(靈)은 곧 무형(無形)의 생명력이다. 그러므로 그것이 바로 령(零)이요, 령(靈)이 되는 것이며, 불가에서 말하는 색불이공 공불이색(色不異空 空不異色)같아, 일(一)이 되는 수의 요소가 된다. 동시에 무無(零-靈)에서 유(有)가 되는 과정이기도 하다.

주자(朱子)의 태극설에 의하면 태극이전은 무극(無極-空이요) 무극에서 태극(太極)을 이루고 있다.

태극역시 무형의 체(體)나 이때에는 영(零-大元靈)의 경지로서 유(有)가 되는 대원소를 지닌 영-태극(零-太極)으로 진화된 과정이며, 이 태극에서 일기(一氣)가 시생(始生)하였으니 곧 유(有)이며 수(數)로는 일(一)이 된다.

성명학(姓名學)에서도 수(數)의 원리를 기초로 구성되고 또 그에 의하여 운명에 그 힘이 미치기 때문에 수리론(數理論)을 무엇보다도 중요시 한다.

역학의 근본원리는 **하도(河圖)**와 **낙서(洛書)**에서 시작되는데 **하도(河圖)**에서는 정하는 바에 의하면, **선천수(先天數)** 갑·기·자·오(甲己子吳)9, 을·경·축·미(乙庚丑未)8, 병·신·인·신(丙辛寅申)7, 정·임·묘·유(丁壬卯酉)6, 무·계·진·술(戊癸辰戌)5, 사·해(巳亥)4.

낙서(洛書)에서 **후천수(後天數)**를 정하니 임·자(壬子) 1, 정·사(丁巳) 2, 갑·인(甲寅) 3, 신·유(辛酉) 4, 무·진·술(戊辰戌) 5, 계·해(癸亥) 6, 병·오(丙午) 7, 을·묘(乙卯) 8, 경·신(庚申) 9, 기·축·미(己丑未) 10, 이것이 성명학(姓名學)에서 81수는 수의 기본이 1(一)에서 9(九)까지고 9(九) 자승수(自乘數)가 81이 되는 까닭이다.

▣ 서천수, 후천수 일람표

선천수 先天數		후천수 後天數			
간지 干支	수(數)	간지 干支	수(數)	간지 干支	수(數)
甲己子午 갑 기 자 오	9	壬子 임.자	1	丙午 병 오	7
乙庚丑未 을 경 축 미	8	丁巳 정 사	2	乙卯 을 묘	8
丙辛寅申 병 신 인 신	7	甲寅 갑.인	3	庚申 경 신	9
丁壬卯酉 정 임 묘 유	6	辛酉 신.유	4	己丑未 기 축 미	10
戊癸辰戌 무 계 진 술	5	戊辰戌 무.진.술	5		
巳亥 사 해	4	癸亥 사.해	6		

나. 수數의 분석 1(一)에서~9(九)까지 의미

1(一)은 만사의 기본이요, 일체의 시초이며 영구 불변하는 절대 움직일 수 없는 근본 수이다. 따라서 1(一)은 당연히 가장 처음 시초의 영수(領數)등의 뜻을 지니고 있으므로, 자주독립, 발전, 부귀, 명예 등의 길상(吉祥)을 예시하고 있다.

2(二)는 1과 1의 합이요, 일양(一陽)과 일양(一陽)의 집합으로 화합력이 결여(缺如)되어 분리하기 쉬워, 2(二)는 불완전, 분산, 불구(不具), 연약(軟弱)을 암시하는 수(數)다.

3(三)은 일양(一陽), 일음(一陰)이 합한 확장 수이니 일체(一體)를 겸비한 뜻이 있다. 따라서 3(三)은 자연히 권위, 지혜, 영달, 부귀 등의 영 영력(靈力)을 발휘하는 수(數)이다.

4(四)는 2(二)와 2(二)의 음합(陰合)이나, 1(一)과 3(三)의 양합(陽合)으로 이루어져 화합의 의미가 없어 흉조가 되는 수이다. 군(軍)에서도 사사단, 사연대, 사중대 등의 4(四)자를 붙인 부대는 없다. 기타 엘리베이터에 층수 표기에 4(四)가 없거나 F로 표기하는 경우가 있다. 즉 4(四)는 죽음을 뜻하는 사(死)를 연상케 하여 잘 쓰지 않으며, 4(四)가 사(死)와 음이 같다고 해서뿐만 아니라 4(四)가 뜻하는 바가 불길하다고 여기기 때문이다.

5(五)는 3양(三陽) 2음(二陰)의 동화로 화합된 수로 중심에 위치하며 상,하,좌,우를 통솔하는 수(數)임으로 그 의미가 만물능생지상(萬物能生之像)으로 덕망, 영달, 대업, 영달 등의 길운(吉運)을 초대하는 수(數)이다

6(六)은 약간의 복잡한 의미를 내포하고 있는 수(數)다. 1(一)에서 10(十)가지의 수 가운데 개개의 음양관계를 우선설명하자면 1(一), 3(三), 5(五), 7(七), 9(九)는 양수(陽數)이요, 2(二), 4(四), 6(六), 8(八), 10(十)은 음수(陰數)인바 원래 양(陽)속에 음(陰)의 기(氣)가 내포되어 있고 음(陰)속에도 양(陽)의 기(氣)가 포함되어 있는 것이 천지조화의 진리이다.

1(一)에서 10(十)까지 음(陰)양(陽)으로 크게 나누면 1(一)에서 5(五)까지는 양(陽)이요, 6(六)에서 10(十)까지는 음(陰)에 속하는데 이치로 볼 때 5(五)는 양극(陽極)이요, 10(十)은 음극(陰極)이며 1(一)은 양(陽)의 시초가 된다. 그러므로 6(六)은 계승, 음덕시태지상(陰德始胎之像)이라 하고 온화, 두수(頭數)을 암시 한다. 그러나 6(六)은 한편으로 3(三)과 3(三), 2(二)와 4(四), 1(一)과 5(五)오 그 합수가 양대양, 음대음이 되어있어 음양의 조화를 이루지 못하였으므로 분산, 파괴, 흉조도 암암리에 작용하는 까닭에 6(六), 16(十六)에 한하여 길조(吉兆)의 작용력도 있으나 26(二十六), 36(三 十六)은 변난, 파괴 등의 극단적인 조화를 부리는 일이 발생하게 된다.

7(七)은 5(五)의 성운(盛運)과 2(二)의 파멸운이 합한 수(數), 또는 3(三)의 길운과 4(四)의 흉운이 합하여 이루어진 수(數)이므로 내면에는 길흉 두 극단의 힘이 작용하여 극제(剋制), 화성(化成)되는 결과로 인하여 자연히 강한 암시력이 생기는 동시에 강력불구의 전진력(前進力)이 발생하는 수(數)이다.

8(八)은 파괴의 수 4(四)가 중복인 동시에 5(五)와 3(三)의 통솔, 지덕이 합한 수이므로 각종 영력(靈力)이 작용하며 자취발전지상(自取發展之像)으로 노력, 용진의 추진력이 왕성한 수(數)이다.

9(九)는 양수(陽數)의 끝이요, 궁극수(窮極數)이다. 양의 영향력으로 지덕이 있고 활동력은 왕성하나 원래 종극지수(終極之數)이므로 궁박(窮迫)을 벗어나지 못하는 대재무용지상(大材無用之像)으로 고독 불우하고 일을 맡아 하지만 공은 없는 운세를 암시하는 수(數)이다.

10(十)은 기본수의 끝으로 종결을 구하는 수요, 음(陰)의 최 극이며 영(零)의 위치에 있는 수이니 그 의의가 공허무한지상(空虛無限之像)이라 각 수리(數理)가운데 꺼리며 이 수는 흉조(凶兆)를 발생하는 수(數)이다. 그러나 수리의 순환은 우주의 법칙으로 공허, 사멸, 종결은 다시 태생, 시초인 것이니 10(十)이 서로 거듭될 경우 전향이 되어 크게 발전한다는 이치도 알아야 한다. <권세준 교수 辯>

다. 수(數)의 음양(陰陽)

홀수는 양(陽), 짝수는 음(陰)이다. 즉 1, 3, 5, 7, 9는 양(陽)이고 2, 4, 6, 8, 10은 음(陰)이다. 작명을 할 때는 문자(文字)를 사용한다. 문자에는 자의(字意) '이(理)'와 획 '수(數)'가 있다. 그러므로 하나의 문자도 이와 수로서 음양을 구분할 수가 있다.

왕(王)자를 예로 들면, 임금은 남(男)이므로 이(理)면에서는 양(陽)이고, 획수는 4획이므로 수(數)면에서는 음(陰)이다. 이를 달리 표현하면 왕(王)자는 이양수음(理陽數陰)이다.

설(雪)자를 살펴보면, 설(雪)은 눈이고 여성이 좋아하는 것이므로 음이다. 획수는 11획으로 홀수, 즉 양이다. 그러므로 설(雪)자는 이음수양(理陰數陽)이다.

성은 왕(王)이요, 이름이 설(雪)인 사람이 있다면 그의 이름은 이(理)와 수(數) 모두평형을 이룬 것이다. 만약 역학(易學)의 음양부호 '-'로써 양(陽)을, '--'로는 음(陰)을 표시하면 아래와 같은 표를 만들 수 있다.

	왕(王)	설(雪)
이(理)	▬▬▬▬▬▬	▬▬▬ ▬▬▬
수(數)	▬▬▬ ▬▬▬	▬▬▬▬▬▬

그러나 이처럼 음양이 평형을 이룬 이름은 좀처럼 찾아보기 힘들다. 보통은 음양 중 어느 한쪽이 더 강하거나 약한 경우가 많다. 옛 성명학가(姓名學家)는 음과 양 어느 한쪽이 지나치게 강한 사람은 이름으로 그 음과 양을 보완하여 평형을 이루도록 해야 한다고 주장하였다.

즉 양의 기운이 지나치게 강한 사람은 음으로 보완해야 하고, 음의 기운이 지나치게 강한 사람은 양으로 보완해야만 이름과 그 사람 사이의 음양이 평형으로 조화를 이룰 수 있다는 것이다.

다시 말하면 성(姓)은 태어날 때부터 정해져 있어 바꾸지 못하므로 이름을 고쳐서 보완해야 한다. 즉 성의 글자가 홀수라면 이름의 첫 번째와 둘째 글자모두 짝수이거나 홀수와 짝수, 또는 짝수와 홀수 등으로 하고, 성의 글자가 짝수라면 이름은 홀수와 홀수, 또는 짝수와 홀수 등으로 잘 섞어야 한다.

성(姓) 홀수일 경우	홀수+짝수+짝수	홀수+짝수+홀수	홀수+홀수+짝수
성(姓) 짝수일 경우	짝수+홀수+홀수	짝수+짝수+홀수	짝수+홀수+짝수

예컨대 화를 잘 내고 안절부절못하고 항상 안색이 붉게 상기되어 있으며 목에 핏줄이 도드라져 보이는 사람은 양기(陽氣)가 지나치게 강한 것이다. 이런 사람은 음의 성질을 가진 이름을 지어야 한다. 예를 들어 유(劉)씨 성이라면 이름을 정호(靜湖)라고 짓는 것도 좋다. 왜냐하면 정(靜)과 호(湖)가 이(理 : 의)나 수(數 : 획수) 모두 음이기 때문이다.

항상 수줍어하고 조용하며 겁이 많고 말소리도 작아 언행이 여성스러운 남자라면 이는 양기에 비해 음기(陰氣)가 지나치게 왕성하기 때문이다. 이때 는 양의 성질을 가진 이름을 지어 보완해야 한다. 만약 이(李)씨 성을 가진 사람이라면 이의(李毅)라는 이름도 좋다. '의(毅)'자가 수(數)나 이(理)모두 양이기 때문이다. 위의 내용을 다시 한번 요약해서 살펴보면 음양이 조화를 이루어 평형 한 사람은 이름도 음양이 평형 하도록 신경을 쓰고 음양이 어느 한쪽으로 치우쳐 양이 강하면 음명(陰名)을 취하고 음이 강하면 양명(陽名)을 취하여 보완해야 한다.

2 이름의 사격(四格) – 원형이정(元亨利貞)

수리론(數理論)으로 이름을 작명할 때 성씨(姓氏)와 이름을 조합하여 4가지로 나누는데 이를 이름의 사격(四格)이라 고하며, 원격(元格), 형격(亨格), 이격(利格), 정격(貞格) 하고, 첫 글자만 따서 원형이정(元亨利貞)이라고 한다.

원격(元格)은 지격(地格)이라고도 하며, 성씨(姓氏)을 제외한 이름의 첫 글자와 끝 글자의 획수를 더한다. 15세까지의 초년운을 나타낸다.

형격(亨格)은 인격(人格)이라고도 하며, 본인(本人)의 성격을 의미하고, 청장년운으로 성씨(姓氏)와 이름의 첫 글자의 획수를 더한다.

이격(利格)은 배우자의 성격, 사회, 가정을 의미하며, 중년운으로 성씨(姓氏)와 이름의 끝 글자의 획수를 더한다. 외자(一字)이름일 경우 성씨(姓氏) 획수만 계산한다.

정격(貞格)은 말년운으로 성씨(姓氏)와 이름의 획수를 모두 더한다.

가. 원형이정(元亨利貞)에 의한 작명(作名)

<예시1> 한 글자 성씨(姓氏)와 두 글자 이름의 경우

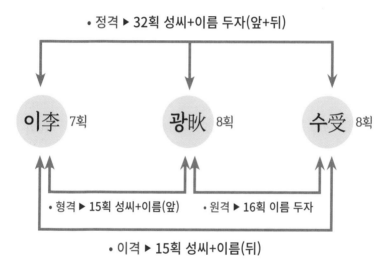

• 정격 ▶ 32획 성씨+이름 두자(앞+뒤)

이李 7획   광吹 8획   수受 8획

• 형격 ▶ 15획 성씨+이름(앞)   • 원격 ▶ 16획 이름 두자

• 이격 ▶ 15획 성씨+이름(뒤)

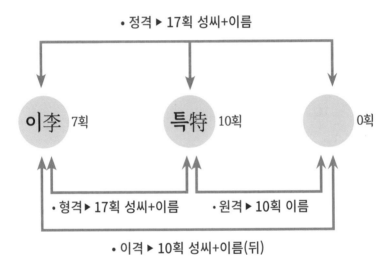

<예시3> 두 글자 성씨(姓氏)와 두 글자 이름의 경우

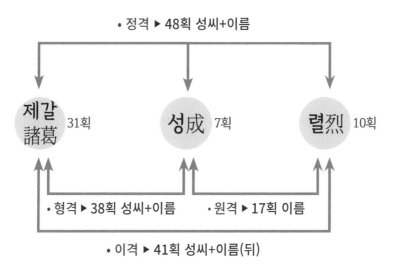

- 정격 ▶ 48획 성씨+이름

제갈
諸葛 31획

성成 7획

렬烈 10획

- 형격 ▶ 38획 성씨+이름   - 원격 ▶ 17획 이름

- 이격 ▶ 41획 성씨+이름(뒤)

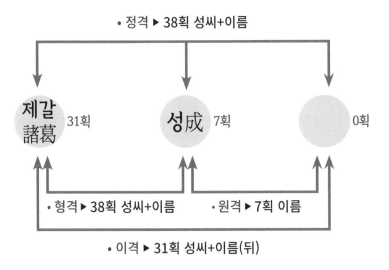

- 정격 ▶ 38획 성씨+이름

제갈
諸葛 31획

성成 7획

0획

- 형격 ▶ 38획 성씨+이름   - 원격 ▶ 7획 이름

- 이격 ▶ 31획 성씨+이름(뒤)

나. 원형이정(元亨利貞) 수리(數理)에 따른 길흉(吉凶)

  한 사람 이름으로만 운(運)을 볼 때 이름의 획수를 합하여 길흉(吉凶)을 간(看)명 한다. 원격(元格)초년운, 형격(亨格)청장년운, 이격(利格)중년운, 정격(貞格)말년운을 본다.

<예시> **나那**11획 **영伶**7획 **석碩**14획

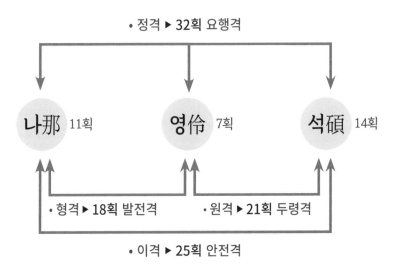

◑ 사격(四格) 원형이정(元亨利貞) 감별

원격(元格) : 21획 두령격(頭領格) = 伶 (7획)+ 碩14획) ▶ 초년운

형격(亨格) : 18획 발전격(發展格) = 那 (11획) + 伶 (17획) ▶ 청장년운

이격(利格) : 25획 안전격(安全格) = 那 (11획) + 碩14획) ▶ 중년운

정격(貞格) : 32획 요행격(僥倖格) = 那 (11획) + 伶 (7획)+ 碩14획) ▶ 말년운

다. 작명에서 부수 획수 계산

현재 사용되고 있는 부수는 약 235자 인데 다른 자와 함께 사용될 때는 변형이 되어 사용된다. 그러나 성명학에서 한자의 획수를 계산할 때 한자의 좌우 또는 받침은 글자의 원래 부수의 획수로 계산해야 한다. 즉 月변은 肉으로 6획이고, 氵변은 水로 4획이다.

숫자의 경우 1(一), 2(二), 3(三), 4(四), 5(五), 6(六), 7(七), 8(八), 9(九), 10(十)은 숫자의 획수와 관계없이 성명학에서는 그 의미로써 획수로 본다.(단 百 6획, 千 3획으로 본다)

▣ 부수와 변의 획수 일람표

약 부수	본 부수	획수	약 부수	본 부수	획수
扌	手	4획	忄	心	4획
氵	水	4획	犭	犬	4획
礻	示	5획	王	玉	5획
⺿	艸	6획	衤	衣	6획
月	肉	6획	罒	网	6획
辶	辵	7획	⺹	老	6획
阝(좌)	阜	8획	阝(우)	邑	7획

▣ 부수위치에 따른 명칭
1. 부수가 글자의 왼쪽을 이루는 것을 '변'이라고 한다.

　　亻 (人) 인변(사람 인) : 仁(어질 인)

　　彳 두인변(자축거릴 척) : 役(부릴 역)

　　忄 (心) 심방변(마음 심) : 快(쾌할 쾌)

　　扌 (手) 재방변(손 수) : 指(손가락 지)

　　氵 (水) 삼수변(물 수) : 江(강 강)

　　衤 (衣) 옷의변(옷 의) : 被(이불 피)

　　阝 (阜) 좌부변(언덕 부) : 阿(언덕 아)

2. 부수가 그 글자의 오른쪽을 이루는 것을 '방'이라고 한다.

　刂(刀) 선칼도방(칼 도) : 利(날카로울 리)

　卩(巳) 병부절방(병부절) : 印(도장 인)

　攵(攴) 등글월문방(칠 복) : 收(거둘 수)

　阝(邑) 우부방(고을 읍) : 部(거느릴 부)

3. 부수가 그 글자의 위쪽을 이루는 것을 '머리'라고 한다.

　亠 돼지해머리 : 亡(망할 망)

　冖 민 갓머리 : 冠(갓 관)

　宀 갓머리 : 守

　竹 대죽머리 : 筆(붓 필)

　艹(艸) 풀초머리(풀 초) : 茶(차 다)

　雨(雨) 비우머리(비 우) : 電(번개 전)

4. 글자의 밑을 이루는 것을 '발'이라고 한다.

　心 마음심발(마음 심) : 思(생각할 사)

　灬(火) 연화발(불 화) : 烈

　皿 그릇명발(그릇 명) : 益(더할 익)

　儿 어진사람인발(어진사람 인) : 兄(맏 형)

5. 부수가 글자의 위와 왼쪽을 이루는 것을 '엄호'라고 한다.

　厂 민엄호[언덕 엄(한)] : 原(근원 원)

　广 엄호(집 엄) : 序(차례 서)

　尸 주검 시 : 尾(꼬리 미)

　戶 지게 호 : 房(방 방)

6. 부수가 그 글자의 왼쪽에서 밑을 받치는 것을 '받침'이라고 한다.

　廴 민책받침(길게 걸을 인) : 延(끌 연)

　辶(辵) 책받침(쉬엄쉬엄 갈 착) : 通(통할 통)

▣ 부수일람표

[1획]

一 한 일

丨 뚫을 곤

丶 불똥 주(점)

丿 삐침 별(삐침)

乙 새 을

亅 갈고리 궐

[2획]

二 두 이

亠 머리 두(돼지해밑)

人(亻) 사람 인

儿 어진사람 인

入 들 입

八 여덟 팔

冂 멀 경(멀경몸)

冖 덮을 멱(민갓머리)

冫 얼음 빙(이수변)

几 안석 궤

凵 입벌릴 감(위터진입구)

刀(刂) 칼 도(선칼도)

力 힘 력

勹 쌀 포

匕 비수 비

匚 상자 방(터진입구)

匸 감출 혜(터진에운담)

十 열 십

卜 점 복

厂 굴바위 엄(민엄호)

厶 사사 사(마늘모)

又 또 우

[3획]

口 입 구

囗 에울 위(큰 입구)

土 흙 토

士 선비 사

夂 뒤져올 치

夊 천천히걸을 쇠

夕 저녁 석

大 큰 대

女 계집 녀

子 아들 자

宀 집 면(갓머리)

寸 마디 촌

小 작을 소

尢(尣.允) 절름발이 왕

尸 주검 시

屮 싹날 철(왼손 좌)

山 산 산

巛(川) 내 천(개미허리)

工 장인 공

己 몸 기

巾 수건 건

干 방패 간

幺 작을 요

广 집 엄(엄호)

廴 길게걸을 인(민책받침)

廾 받들 공(밑스물입)

弋 주살 익

弓 활 궁

彐(彑.彐) 돼지머리 계(터진가로왈)

彡 터럭 삼(삐친석삼)

彳 자축거릴 척(두인변)

[4획]

心(忄.⺗)마음 심

戈 창 과

戶 지게 호

手(扌) 손 수(재방변)

支 지탱할 지

攴(攵) 칠 복(둥글월문)

文 글월 문

斗 말 두

斤 도끼 근(날근방)

方 모 방

无 없을 무(이미기방)

日 날 일

曰 가로 왈

月 달 월

木 나무 목

欠 하품 흠

止 그칠 지

歹(歺) 뼈앙상할 알 (죽을사변)

殳 몽둥이 수 (갖은등글월문)

毋 말 무

比 견줄 비

毛 터럭 모

氏 성씨 씨

气 기운 기

水(氵.氺)물 수(삼수변)

爪(爫) 손톱 조
父 아버지 부
爻 사귈 효(점괘효)
爿 조각 장(장수장변)
片 조각 편
火(灬) 불 화
牙 어금니 아
牛(牜) 소 우
犬(犭) 개 견(개사슴록변)
[5획]
玄 검을 현
玉(王) 구슬 옥(임금왕변)
瓜 오이 과
瓦 기와 와
甘 달 감
生 날 생
用 쓸 용
田 밭 전
疋 발 소
疒 병들 녁(병질엄)
癶 걸을 발(필발머리)
白 흰 백
皮 가죽 피
皿 그릇 명
目 눈 목
矛 창 모
矢 화살 시
石 돌 석
示(礻) 보일 시
禸 짐승발자국 유
禾 벼 화

穴 구멍 혈
立 설 립
[6획]
竹 대 죽
米 쌀 미
糸 실 멱(실사)
缶 장군 부
网(罒.罓.罓)그물 망
羊 양 양
羽 깃 우
老(耂) 늙을 로
而 말이을 이
耒 쟁기 뢰
耳 귀 이
聿 붓 율
肉(月) 고기 육(육달 월)
臣 신하 신
自 스스로 자
至 이를 지
臼 절구 구
舌 혀 설
舛 어그러질 천
舟 배 주
艮 머무를 간(괘이름간)
色 빛 색
艸(艹) 풀 초(초두)
虍 범의문채 호(범호엄)
虫 벌레 훼(벌레충)
血 피 혈
行 다닐 행
衣(衤) 옷 의

襾 덮을 아
[7획]
見 볼 견
角 뿔 각
言 말씀 언
谷 골 곡
豆 콩 두
豕 돼지 시
豸 발없는 벌레 치
貝 조개 패
赤 붉을 적
走 달아날 주
足 발 족
身 몸 신
車 수레 거
辛 매울 신
辰 별 진
辵(辶) 갈 착(책받침)
邑(阝) 고을 읍(우부방)
酉 익을 유(닭 유)
釆 분별할 변
里 마을 리
[8획]
金 쇠 금
長 길 장
門 문 문
阜(阝) 언덕 부(좌부방변)
隶 미칠 이
隹 새 추
雨 비 우
靑 푸를 청

非 아닐 비
[9획]
面 낯 면
革 가죽 혁
韋 다룸가죽 위
韭 부추 구
音 소리 음
頁 머리 혈
風 바람 풍
飛 날 비
食 밥 식
首 머리 수
香 향기 향
[10획]
馬 말 마
骨 뼈 골
高 높을 고
髟 머리털 표(터럭발밑)
鬥 싸울 투

鬯 술 창鬲 솥 력
鬼 귀신 귀
[11획]
魚 물고기 어
鳥 새 조
鹵 소금밭 로
鹿 사슴 록
麥 보리 맥
麻 삼 마
[11획]
魚 물고기 어
鳥 새 조
鹵 소금밭 로
鹿 사슴 록
麥 보리 맥
麻 삼 마
[12획]
黃 누를 황

黍 기장 서
黑 검을 흑
黹 바느질할 치
[13획]
黽 맹꽁이 맹
鼎 솥 정
鼓 북 고
鼠 쥐 서
[14획]
鼻 코 비
[15획]
齒 이 치
[16획]
龍 용 룡
龜 거북 귀
[17획]
龠 피리 약

라. 대법원선정 인명용한자 - 대법원 규칙

1) 대법원선정 인명용한자는 1991년 3월 '호적법 시행규칙 제 37조'에 의거하여 공포하고 1991년 4월 1일부터 시행토록 한, 2,845자를 포함한 대법원이 인정한 동자(同字), 속자(俗字), 약자(略字) 한자만 등록이 가능하다.

2) 1991년 4월 1일 이후, 대법원선정 인명용한자는 2000. 12. 31 "한문 교육용 기초한자" 1,800자 를 포함, 1994.09.01, 1998.01.01, 2001.01.04, 2003.10.20, 2005.01.01, 2007.02.15, 2015.01.01 8차례 인명용한자를 추가하여 현재 8,142자이며, 한자이름으로 등록 가능하다.

3) 대법원선정 인명용한자는 1991년 4월1일 이후 출생자 부터 적용된다.

4) 성씨(姓氏)와 본(本)은 대법원이 정한 인용한자에 적용을 받지 않는다.

5) 'ㄴ' 'ㄹ'의 한자경우 'ㅇ' 'ㄴ'으로 소리가 나는 데로 신고할 수 있다.

6) "示"변과 "衤"의 변, "艹"변과 "艹"변은 서로 바꾸어 쓸 수 있다.

7) 인용한자 중 대법이 인정한 동자이음어(同字異音語)는 사용이 가능하다.

한자(漢字)	음(音) 대법원 인정 발음		
豈	기	개	
見	견	현	
更	갱	견	
龜	귀	구	"균" 사용 못함
奈	내	나	
茶	다	차	
丹	단	란	
度	도	탁	
樂	락	요	악
復	복	부	
設	설	열	"세" 사용 못함
拾	십	습	
參	삼	참	
率	솔	률	
塋	영	형	
易	이	역	
卒	졸	솔	
什	집	십	
車	차	거	
泌	필	비	
行	행	항	

8) 동자(同字), 속자(俗字), 약자(略字)의 경우 대법원선정 인명용한자표에서 인정하는 한자만 사용 할 수 있다.

음(音)	간	강	개	개	검	고	관	광	광	국	긍	년	덕	래	례	룡
한자	杆	強	個	蓋	劍	考	館	廣	光	國	亙	年	德	來	禮	龍
	桿	强	箇	盖	劒	攷	舘	広	炛	国	互	秊	悳	萊	礼	竜
					昋						恆					

음(音)	리	무	민	배	배	백	번	병	병	병	보	봉	삽	상	무	서
한자	裏	無	珉	杯	裵	柏	飜	幷	竝	昞	寶	峯	插	狀	無	棲
	裡	无	瑉	盃	裴	栢	翻	并	並	昺	宝	峰	挿	床	无	栖
			砇								珤					捿
			瑠								玸					

음(音)	서	서	성	수	수	수	실	아	인	안	윤	연	염	영	예	위
한자	敍	堻	晟	修	穗	壽	実	兒	仁	雁	閏	煙	艶	榮	睿	衛
	叙	婿	晠	脩	穂	寿	實	児	忈	鴈	閠	烟	艷	栄	叡	衞
									忎		閨				壡	

음(音)	이	자	잠	장	장	점	정	주	진	진	찬	참	책	청	청	초
한자	彝	姊	潛	莊	墻	點	靜	逎	晉	眞	讚	慚	冊	淸	靑	草
	彛	姉	潜	庄	牆	点	静	逎	晋	真	讃	慙	册	清	青	艸

음(音)	총	충	충	풍	하	희	학	항	현	혜	화	확	활	회	효	훈
한자	聰	沖	蟲	豊	廈	熙	學	恒	顯	惠	畫	確	闊	繪	效	勳
	聡	冲	虫	豐	廈	熙	学	恆	顕	惠	画	碻	濶	絵	効	勛
																勗

※ 대법원선정 인용명한자표 2015년 별표2 주요 한자 .

마. 획수(劃數)에 따른 길흉(吉凶) 해설

1획

초두운(初頭運) 태초격(太初格) 군왕옥좌지상(君王玉座之象)

1은 만물의 시작과 출발을 알리는 수이다. 큰 뜻을 성취하며 나날이 발전하여 부귀와 명예가 따르게 된다.

2획

분산운(分散運) 분리격(分離格) 제사분리지상(諸事分離之象)

매사가 분산되거나 불화를 겪게 된다. 부모나 형제, 부부 관계가 순조롭지못하고 생이별이나 질병을 앓게 된다. 사회적으로도 인간관계가 원만하지 못하고 실패를 맛보게 된다. 이처럼 여러 방면에 있어서 좌절을 겪음으로 인해 심신이 허약하고 단명 한다.

3획

명예운(名譽運) 수령격(首領格) 만물성형지상(萬物成形之象)

안정의 수로서 지혜가 뛰어나고 과감성이 있으며 원만한 성격으로 지도력을 발휘하게 된다. 사회적으로 이름을 날리는 한편 가정적으로도 편안하여 부귀를 누린다.

4획

파멸운(破滅運) 부정격(不定格) 파괴흉변지상(破壞凶變之象)

추진력, 의지가 부족하여 하나 같이 성공하는 일이 없다. 여기저기 열심히 뛰어다니지만 노력과 시간만 허비한다. 만약 성공했다 하더라도 잠시일 뿐 오래 지속되지 못한다. 부부가 이별하게 된다.

5획

성공운(成功運) 정성격(定成格) 음양화합지상(陰陽和合之象)

인물이 온후하고 지혜와 덕망을 두루 갖추어 주위에 사람이 많다. 자연적으로 지도력을 발휘하여 부귀를 누리게 된다. 부부와 자식이 잘 따르고 화합하여 재산도 모으게 된다.

6획 부덕운(富德運) 계승격(繼承格) 천덕지상지상(天德地祥之像)

인내심이 강하고 부단히 노력하며, 조상(祖上)로부터 많은 유산을 이어받아 발전시킨다.

7획 발달운(發達運) 독립격(獨立格) 정신준민지상(精神俊敏之象)

진취적인 기상이 있어 모든 일을 순조롭게 헤쳐나가고 성공에 이르게 된다. 이러한 추진력으로 인해 주위에 사람들이 모여들지만 자칫 고집이 강해 일을 그르칠 수도 있으므로 주의해야 한다.

8획 진보운(進步運) 개물격(開物格) 강적분쇄지상(强敵粉碎之象)

일을 해내고야 말겠다는 의지와 추진력이 강해 여러 장해가 있더라도 결국에는 성취하게 된다.

9획 불행운(不幸運) 궁박격(窮迫格) 이거명공지상(利巨名空之象)

수완이 뛰어나고 재주가 있어 부귀영화를 누리지만 오래가지 못하고 나락으로 떨어지게 된다. 가정이 파탄, 부부가 이별한다. 질병을 겪게 되거나 단명 한다.

10획 허무운(虛無運) 공허격(空虛格) 신곡귀호지상(神哭鬼呼之象)

재주가 있지만 마음먹은 데로 안 된다. 일을 시작하면 중도에 실패가 잦고, 가정적으로도 불운을 겪고 단명하게 된다.

11획 중흥운(中興運) 신성격(新成格) 만난갱신지상(萬難更新之象)

온순하고 성실하며 의지가 강하다. 이지적이고 끊임없이 노력하여 사회적으로 성공에 이르게 된다.

12획 고독운(孤獨運) 박약격(薄弱格) 신패명열지상(身敗名裂之象)
의지와 심신이 허약하여 질병으로 인한 고통을 피할 수가 없다. 부모와 형제, 부부 사이도 이별을 하거나 불구 또는 변사 등의 횡액을 당하기도 한다. 성격도 내성적이어서 항상 고독하다.

13획 지혜운(智慧運) 지모격(智謀格) 지혜충만지상(智慧充滿之象)
두뇌가 명석하고 지혜가 뛰어나며 주어진 기회를 잘 포착하여 성공의 발판으로 삼고 세상사에 임기응변(臨機應變)이 있어 성공, 발전하게 된다.

14획 실패운(失敗運) 이산격(離散格) 낙루천애지상(落漏天涯之象)
지혜가 있어서 성공한다. 그러나 한때다. 가정적으로는 부부 사이 또는 자녀와 이별하고 파탄이나 병을 앓는다.

15획 통솔운(統率運) 통솔격(統率格) 수재원만지상(壽財圓滿之象)
음양이 화합하는 수(數)로서 명성이 뒤따르게 된다. 비록 초년에는 어렵게 지낸다 하더라도 온후한 성격과 지혜를 갖추고 있으므로 맡은 일에 두각을 나타내 부귀하게 된다.

16획 덕망운(德望運) 덕망격(德望格) 귀인득조지상(貴人得助之象)
덕망을 겸비하고 있어 주위 사람에게 도움을 받아서 성공할 수 있다. 그러나 자만이나 색정에 빠지면 실패하기도 한다.

17획 용진운(勇進運) 건창격(建暢格) 만난돌파지상(萬難突破之象)
의지가 강하고 적극적이어서 어려운 일에 봉착하더라도 뚫고 마침내 해내고야 만다. 그러나 이러한 불굴의 의지가 때로는 자기 고집으로 비춰져 인간관계에 좋지 않은 영향을 미치기도 하므로 조심해야 한다.

18획 발전운(發展運) 발전격(發展格) 진취왕성지상(進取旺盛之象)

지혜가 있고 끊임없이 노력하여 뛰어난 수완을 발휘하게 된다. 강한 의지로 밀고 나가 사업에 큰 성공을 하지만 자만심과 주변 사람들을 업신여기고 또 불화 때문에 손해를 볼 수도 있다.

19획 불행운(不幸運) 고난격(苦難格) 봉황상익지상(鳳凰傷翼之象)

뛰어난 지혜와 지략이 있고 의지 또한 강하지만 중도에 좌절을 당하게 된다. 가정적으로도 부모운이나 부부운, 자녀운조차도 없으며 이별, 불구가 된다.

20획 공허운(空虛運) 허망격(虛妄格) 악운연속지상(惡運連續之象)

하는 일마다 제대로 되는 것이 없고 온갖 고난을 당하여 일생 동안 편안하지 못하다. 부부간, 자녀와 이별하거나 단명하게 된다.

21획 두령운(頭領運) 두령격(頭領格) 명월광조지상(明月光照之象)

의지가 강하고 끈기가 있어 난관에 봉착하거나, 어려움을 당하더라도 결국에는 뛰어넘어서 성공하게 된다. 초년에는 어려움이 있더라도 성격이 원만하고 지혜를 갖추고 있어서 중년 이후에는 무리의 우두머리가 된다.

22획 중단운(中斷運) 중절격(中折格) 추초봉상지상(秋草逢霜之象)

두뇌 회전이 빠르고 재능도 뛰어나며 용모 또한 준수하다. 그러나 예상치 않은 장애를 만나 좌절하게 된다. 이러한 일을 거듭 당하면서 비관적이 되고 소극적으로 변하기도 한다. 가정적으로도 부부 사이가 좋지 못하고 부모운도 없으며 병약, 단명하게 된다

23획

개신운(開新運) 공명격(功名格) 맹호첨익지상(猛虎添翼之象)

풍부한 감성과 강인한 의지, 명석한 두뇌, 탁월한 식견으로 가정을 일으키고 성공한다. 그러나 너무 무리하게 일을 추진하지는 말아야 한다. 남녀 모두 성욕에 빠질 수 있으며, 여성의 경우 남편을 잃거나 자기 주장이 강하여 남편의 기를 꺾게 된다.

24획

축재운(蓄財運) 입신격(立身格) 가문여경지상(家門餘慶之象)

어려움에서 시작하더라도 자수성가하여 대단한 부(富)를 일구게 된다. 이 부(富)는 자손만대에까지 이른다.

25획

재복운(財福運) 안전격(安全格) 유중대경지상(柔中大硬之象)

일평생 큰 고난이나 역경 없이 평범하게 보인다. 그러나 자신만의 재능을 가지고 성실하게 노력하면 그 대가를 받게 된다. 재물운이 많고 여자의 경우 애교가 많다.

26획

만파운(晩波運) 파란격(波瀾格) 봉대폭풍지상(逢大暴風之象)

대부분의 영웅이 그렇듯이 의협심이 강하고 영리하며 희생정신이 투철한 반면 그만큼의 고독과 좌절, 파란만장한 삶을 살게 된다. 남녀 모두 성욕에 빠지거나 부부운, 자식운이 좋지 못하다.

27획

중절운(中折運) 중단격(중단격) 욕망무지지상(慾望無止之象)

두뇌가 명석하고 재주가 있으며 의지가 강해서 일을 잘 해나가다가도 욕심과 오만함, 괴팍한 성질을 드러내 중도에서 실패하게 된다. 남녀 모두 호색 기질이 있어 주의해야 한다.

28획 파란운(波瀾運) 조난격(遭難格) 종신신노지상(終身辛勞之象)

영웅호걸처럼 사내다운 기질이 있지만 파란만장한 삶으로 되는 일이 없다. 부모운도 없고 부부운도 없어 생사별하게 되며 변사나 불구가 되기도 한다.

29획 성공운(成功運) 성공격(成功格) 재략출중지상(財略出衆之象)

좋은 운을 타고난 데다가 지혜롭고 노력도 하여 크게 성공한다. 건강과 부귀, 권력 어느 것 하나 부족함이 없지만 만족할 줄 모르는 과욕으로 낭패를 당할 수도 있다.

30획 불측운(不測運) 부몽격(浮夢格) 모험투기지상(冒險投機之象)

요행을 바라고 성공과 실패를 거듭하여 결국에는 모든 것이 매우 어려운 상황에 이르게 된다. 부부운과 자식운도 좋지 않아 생사별하게 된다.

31획 흥창운(興昌運) 개척격(開拓格) 대하고루지상(大廈高樓之象)

세상사를 꿰뚫어보는 안목이 뛰어나고 성격도 원만하여 주위에 사람이 많다. 지혜와 의지가 강하고 판단력이 있으므로 상하의 신임이 두텁다. 남녀모두 부귀와 권세를 누리게 된다.

32획 요행운(僥倖運) 능성격(能成格) 갈용득수지상(渴龍得水之象)

귀인을 만나거나 뜻밖의 행운을 만나 성공하게 된다. 그러나 성욕에 빠져 패가망신할 수도 있다.

33획 승득운(昇得運) 승천격(昇天格) 자기동래지상(紫氣東來之象)

자신감과 지혜와 판단력이 뛰어나 과감한 추진력으로 능력을 인정받는다. 그러나 능력이 뛰어날수록 겸허해야 하는데 자존심이 강해 좌절을 맛보기도 한다. 여자의 경우 이성 문제가 발생할 수도 있다.

34획 파멸운(破滅運) 파멸격(破滅格) 재명위험지상(財命危險之象)

부모운, 부부운, 자식운 모두 좋지 않아 이별하고 외로울 수 있다. 성정이 원만하고 인간관계가 좋아 일시적으로 성공할 수 있지만, 큰 실패로 인해 화병으로 단명하게 된다.

35획 평범운(平凡運) 안강격(安康格) 우아발전지상(優雅發展之象)

온화하고 원만하며 소극적이어서 모험을 하거나 경거망동하지 않고 분수를 지킨다. 모든 일에 근면, 성실하여 무난하게 생을 보낸다. 문학이나 예술방면에 이름을 떨친다.

36획 부침운(浮沈運) 파란격(波瀾格) 풍랑부정지상(風浪不定之象)

의협심이 강하고 영웅호걸 같은 기질도 있어서 남을 위해 자신을 희생하기도 한다. 이러한 기질로 인해 파란 많은 삶을 살지만 때로는 성공하기도 한다. 그러나 이때 기질적 자만심과 오만함으로 좌절을 맛보게 된다.

37획 출세운(出世運) 인덕격(仁德格) 독립창건지상(獨立創建之象)

결단력이 있는 반면 독선적인 기질도 있어 주위 사람들에게 신망을 얻고 따르는 이가 많다. 용모가 준수하며 부귀 공명이 뒤따른다.

38획 예능운(藝能運) 복덕격(福德格) 예술성공지상(藝術成功之象)

재주가 뛰어나고 총명하다. 결단력과 추진력이 부족하지만 끊임없는 노력으로 문학에 정진한다면 명예를 얻을 수 있다.

39획 부귀운(富貴運) 안락격(安樂格) 풍랑평정지상(風浪平靜之象)

재주와 지혜가 있어 관직으로 나가면 승승장구하게 된다. 초년에는 고난을 겪기도 하지만 점차 성공하여 부귀가 따르게 된다. 그 영향은 자손에까지 미치게 된다. 남자의 경우 첩을 두는 경향이 있고 여성의 경우 강한 운세라 고독하게 될 수도 있다

40획 무상운(無常運) 무상격(無常格) 길흉기로지상(吉凶岐路之象)

남달리 호기심이 많고 모험을 좋아하는 성격이라 성공을 하더라도 오래 지속되지 못하고 내 손에서 모든 것이 한 순간에 떠난다. 또한 덕이 없어 주위에 사람도 없다. 인생무상

41획 대성운(大成運) 대공격(大功格) 순양독수지상(純陽獨秀之象)

타고난 길운에 용모 준수하고 덕까지 갖추어 만인이 따른다. 슬기롭고 지모가 뛰어나 성공하게 된다.

42획 고난운(苦難運) 고행격(苦行格) 의지박약지상(意志薄弱之象)

성품이 완고하고 박학다식하여 여러 가지 일에 조금씩 참여한다. 그러나 한 가지 일에 매진하는 것만 못하다. 실천력이 빈약하여 좋은 기회를 잃는다.

43획
산재운(散財運) 미혹격(迷惑格) 우후낙화지상(雨後落花之象)

의지가 약해 재능과 재주가 뛰어나더라도 그 빛을 발하지 못하며, 재운이 없어 생활의 어려움을 겪는다. 남녀 모두 이성에게 집착하고 유혹에 빠져든다.

44획
비애운(悲哀運) 마장격(魔障格) 비애속출지상(悲哀續出之象)

불운이 겹쳐 일어나고 잘 돼가던 일도 예상 외로 중도에 실패하여 패가망신한다. 부부운도 좋지 않아 생사별하고 타향에서 불행한 최후를 맞이하게 된다.

45획
대각운(大覺運) 대지격(大志格) 일범순풍지상(一帆順風之象)

뛰어난 지모와 추진력, 경륜 등으로 명예가 뒤따르고 선견지명과 고귀한 인품으로 주위에 사람이 많다. 고난과 역경이 닥쳐와도 좋은 운의 뒷받침으로 더 큰 성공을 일구게 된다.

46획
암지운(暗知運) 부지격(不智格) 재보침주지상(財寶沈舟之象)

큰 뜻을 품었더라도 의지가 약하고 소극적이어서 허황된 뜬구름 같은 결과만 남겨진다. 결과적으로 병약, 파산하게 된다.

47획
출세운(出世運) 출세격(出世格) 개화결실지상(開花結實之象)

만사형통한 운이다. 난관에 부딪치더라도 어디선가 도움의 손길이 뻗어와 곧바로 해결되고 성공하게 된다. 그 영향은 자손에게까지 미친다.

48획 복덕운(福德運) 유덕격(有德格) 노화순청지상(爐火純靑之象)

지혜와 재능이 뛰어나 많은 사람들의 우두머리가 될 수 있는 운이다. 온후하고 원만한 성격이기 때문에 부부운도 좋고 자식운도 좋아 가정도 화목하다.

49획 변화운(變化運) 은퇴격(隱退格) 길흉난분지상(吉凶難分之象)

일생 동안 길흉의 변화가 무쌍하다. 즉 성공과 실패가 반반이다. 성공에 이르렀다고 생각하는 순간 실패를 맛보기도 하고, 좌절의 순간에 길운이 찾아오기도 한다. 그러므로 적당한 시기에 그만두는 것도 좋다.

50획 상반운(相半運) 성패격(成敗格) 말년실패지상(末年失敗之象)

의지가 약하고 자립심이 없을뿐더러 만약 성공해도 곧 뒤따라 실패가 찾아오므로 심신이 허약하고 병약하여 말년이 고독하다.

51획 흥망운(興亡運) 춘추격(春秋格) 순수천명지상(順隨天命之象)

길흉이 번갈아 나타나는 운으로 처음에는 좌절을 겪더라도 나중에는 큰일을 성취하게 된다. 가정적으로는 부부가 화합하게 되고 자손도 귀인을 얻게 된다.

52획 상승운(上昇運) 총명격(聰明格) 일거천리지상(一擧千里之象)

세상 만물을 꿰뚫어볼 수 있는 통찰력과 뛰어난 지모로 명성을 얻고 승승장구하게 된다.

53획 불화운(不和運) 우수격(憂愁格) 외부내빈지상(外富內貧之象)
실속은 없고 근심과 걱정이 끊이지 않는다. 초년에는 길운이 있지만 의지가 박약하여 중년 이후에 연속적인 불행으로 가족이 흩어지고 절망에 빠진다.

54획 고독운(孤獨運) 신고격(辛苦格) 다변초액지상(多變招厄之象)
어려움이 많고 제대로 이루어지는 일이 없다. 지속적으로 고난이 닥쳐온다. 결국에는 패가망신하고 질병으로 고생하거나 이별하게 된다.

55획 반길운(半吉運) 불안격(不安格) 선박등산지상(船舶登山之象)
표면적으로는 그럴듯해 보이지만 속을 보면 전혀 엉뚱한 곳으로 가고 있다. 계속되는 생활고와 근심의 연속의 날을 지내게 된다.

56획 패망운(敗亡運) 부족격(不足格) 매사불여지상(每事不如之象)
의지가 박약하고 하고자 하는 의욕과 실천력, 노력도 없어 현실적인 어려움에 직면한다. 한마디로 순조롭게 풀리는 일이 없다. 가정을 이루기도 힘들고 만사가 불길하다.

57획 봉성운(逢盛運) 노력격(努力格) 주경야독지상(晝耕夜讀之象)
의지가 굳고 재능을 갖추었으므로 성공할 운이다. 초년에는 시련에 부딪치더라도 노력하면 말년에는 좋은 결과를 얻게 된다

58획 만복운(晚福運) 후영격(後榮格) 공명영달지상(功名榮達之象)
처음에 고생하고 나중에 성취하게 된다. 인내와 끈기, 노력으로 시련을 극복하면 끝내 행운이 온다.

59획 실의운(失意運) 실망격(失望格) 용두사미지상(龍頭蛇尾之象)

의지도 약하며 인내력과 끈기, 용기도 없어 제대로 이루어지는 하나도 일이 없다. 가족들도 생사별을 하거나 단명, 불구가 된다.

60획 재난운(災難運) 암혹격(暗惑格) 금의야행지상(錦衣夜行之象)

항상 불안하고 의지가 약하며 일정한 거주지도 없이 떠돌아다닌다. 거듭된 실패로 좌절을 겪고 질병이 앓게 된다.

61획 명예운(名譽運) 영화격(榮華格) 일생안락지상(一生安樂之象)

결단성이 있고 지혜와 재주가 뛰어나 신망을 얻게 되고, 평생 가정적으로는 화목하고 편안한 삶을 누린다.

62획 쇠퇴운(衰退運) 고독격(孤獨格) 단독야행지상(單獨夜行之象)

하는 일마다 실패를 거듭하여 좌절감에 빠지며 무기력하고 믿지 못할 사람이 되어버린다. 또한 독선적이고 괴팍스러워서 혼자 남겨지고 고독하게 된다.

63획 성공운(成功運) 순성격(順成格) 효광부해지상(曉光浮海之象)

두뇌가 명석하여 고난을 극복하고 만사가 순조롭게 이루어지며 오래도록 부귀 영화를 누리며 자손에게까지 그 영향이 미친다.

64획 파멸운(破滅運) 침체격(沈滯格) 천리만운지상(千里滿雲之象)

재능은 뛰어나지만 모든 일이 제대로 이루어지지 않고 거듭 실패하여 가정이 흩어진다. 질병, 재난이 떠나지를 않는다.

65획 융창운(隆昌運) 휘양격(輝陽格) 순풍거범지상(順風擧帆之象)
영리하고 합리적이며 성실하여 사람들에게 신망을 얻는다. 부귀는 물론 자식운도 좋고 자손들까지 번창하는 길운이다.

66획 패망운(敗亡運) 우매격(愚昧格) 양인익수지상(兩人溺水之象)
영리하고 여러모로 재능이 있지만 거듭된 실패와 고난으로 곤경에 처하게 된다. 부부운 역시 원만하지 못하고 패가망신하게 된다.

67획 공명운(功名運) 천복격(天福格) 해천일벽지상(海天一碧之象)
하늘의 운과 스스로도 지혜와 덕을 두루 갖추어 만사형통이다. 사람들로부터 추앙을 받고 사업에 능력을 발휘하게 된다.

68획 흥가운(興家運) 명지격(明智格) 정관자득지상(靜觀自得之象)
주도면밀하고 근면하여 시작했으면 끝을 보고야 마는 성격으로 성공에 이른다. 그러나 부모운이 없어 생이별하지만 점차 성장하면서 집안을 일으켜 세운다.

69획 불안운(不安運) 종말격(終末格) 봉별오동지상(鳳別梧桐之象)
항상 불안에 떨며 자신의 의지대로 일을 처리하지 못하고 이리저리 휘둘려 성사되는 일이 없다. 가족이 산산이 흩어지고 병에 시달리며 죽음을 맞이할 운이다.

70획 공허운(空虛運) 공허격(空虛格) 흑해암야지상(黑海暗夜之象)
부모운도 없고 부부운과 자식운도 없어 생이별하고 타향에서 외롭게 지낸다. 노력하여도 운이 따르지 않아 헛수고에 불과하게 된다.

71획 반행운(半幸運) 만달격(晩達格) 귀인은산지상(貴人隱山之象)

고생이 되더라도 끊임없이 노력해야 나중에 보상을 받게 된다. 실천력이 약하고 용기가 부족하지만 끝까지 노력하면 늦게라도 성공과 부귀를 거머쥐게 된다.

72획 상반운(相半運) 상반격(相半格) 은운복월지상(隱雲覆月之象)

길흉이 교차는 운으로 인내를 가지고 노력하다 보면 불행을 넘어 생활이 안정된다. 초반은 불행하지만 말년은 소박한 행복을 누릴 수 있는 운수이다.

73획 형통운(亨通運) 평길격(平吉格) 등산평안지상(登山平安之象)

평범함 속에서 평온하게 안정된 삶을 산다. 현실에 만족하며 근면하게 살면 행복이 머물게 된다.

74획 우매운(愚昧運) 우매격(愚昧格) 화중화촉지상(畵中華燭之象)

무능력, 무계획, 무지한 가운데 실천력도 없어 고난을 겪는다. 부부운과 자식운도 박약하여 생이별하게 된다.

75획 평화운(平和運) 정수격(靜守格) 산중식목지상(山中植木之象)

판단력이 뛰어나 좋은 운을 잡고 안정을 유지하며 순리대로 행동하면 부귀를 누릴 수 있다.

76획 곤경운(困境運) 선곤격(先困格) 평지난행지상(平地難行之象)

하는 일마다 중도에 좌절되고 가족운이 없어 가족이 흩어지고 타향에서 홀로 지내다가 말년에 병으로 불행해진다.

77획 불성운(不成運) 전후격(前後格) 수연과보지상(隨緣果報之象)
처음에는 풍족하여 행복한 삶을 살다가 말년에 흉운이 다가와 실패와 고생으로 불행한 삶을 산다. 또는 반대인 경우도 있다.

78획 평복운(平福運) 선길격(先吉格) 일경서산지상(日傾西山之象)
초년에는 순조롭게 지내다가 중년부터 쇠퇴하여 발전이 없고 퇴보하게 된다.

79획 무력운(無力運) 종극격(終極格) 임종유길지상(臨終有吉之象)
주위 사람들에게 신용이 없고 신체적으로도 기력이 부족하며 가족운도 약하여 자립하기 어렵다.

80획 종결운(終結運) 종결격(終結格) 천지종말지상(天地終末之象)
원대한 포부를 가지고 분수를 모르면 질병에 시달리고 단명하게 되지만 자중하면 편안한 인생을 보낼 수 있다.

81획 왕성운(旺盛運) 환원격(還元格) 뇌문일개지상(雷門一開之象)
1로 환원하는 수, 고난과 역경을 초월하여 번영으로 나아가고 명예, 부귀를 맞아들인다.

원형이정 수리에 따른 남녀 길흉일람표(吉凶一覽表)

획수(劃數)	운(運)	남자	여자
1획	초두운(初頭運)	길(吉)	길(吉)
2획	분산운(分散運)	흉(凶)	흉(凶)
3획	명예운(名譽運)	길(吉)	길(吉)
4획	파멸운(破滅運)	흉(凶)	흉(凶)
5획	성공운(成功運)	길(吉)	길(吉)
6획	부덕운(富德運)	길(吉)	길(吉)
7획	발달운(發達運)	길(吉)	길(吉)
8획	진보운(進步運)	길(吉)	길(吉)
9획	불행운(不幸運)	흉(凶)	흉(凶)
10획	허무운(虛無運)	흉(凶)	흉(凶)
11획	중흥운(中興運)	길(吉)	길(吉)
12획	고독운(孤獨運)	흉(凶)	흉(凶)
13획	지혜운(智慧運)	길(吉)	길(吉)
14획	실패운(失敗運)	흉(凶)	흉(凶)
15획	통솔운(統率運)	길(吉)	길(吉)
16획	덕망운(德望運)	길(吉)	길(吉)
17획	용진운(勇進運)	길(吉)	길(吉)
18획	발전운(發展運)	길(吉)	길(吉)
19획)	불행운(不幸運)	흉(凶)	흉(凶)
20획	공허운(空虛運)	흉(凶)	흉(凶)
21획	두령운(頭領運)	길(吉)	중길(中吉)
22획	중단운(中斷運)	흉(凶)	흉(凶)

획수(劃數)	운(運)	남자	여자
23획	개신운(開新運)	길(吉)	중길(中吉)
24획	축재운(蓄財運)	길(吉)	길(吉)
25획	재복운(財福運)	길(吉)	길(吉)
26획	만파운(晚波運)	흉(凶)	흉(凶)
27획	중절운(中折運)	흉(凶)	흉(凶)
28획	파란운(波瀾運)	흉(凶)	흉(凶)
29획	성공운(成功運)	길(吉)	중길(中吉)
30획	불측운(不測運)	흉(凶)	흉(凶)
31획	흥창운(興昌運)	길(吉)	길(吉)
32획	요행운(僥倖運)	길(吉)	길(吉)
33획	승득운(昇得運)	길(吉)	중길(中吉)
34획	파멸운(破滅運)	흉(凶)	흉(凶)
35획	평범운(平凡運)	길(吉)	길(吉)
36획	부침운(浮沈運)	흉(凶)	흉(凶)
37획	출세운(出世運)	길(吉)	길(吉)
38획	예능운(藝能運)	길(吉)	길(吉)
39획	부귀운(富貴運)	길(吉)	중길(中吉)
40획	무상운(無常運)	흉(凶)	흉(凶)
41획	대성운(大成運)	길(吉)	길(吉)
42획	고난운(苦難運)	흉(凶)	흉(凶)
43획	산재운(散財運)	흉(凶)	흉(凶)
44획	비애운(悲哀運)	흉(凶)	흉(凶)

획수(劃數)	운(運)	남자	여자
45획	대각운(大覺運)	길(吉)	길(吉)
46획	암지운(暗知運)	흉(凶)	흉(凶)
47획	출세운(出世運)	길(吉)	길(吉)
48획	복덕운(福德運)	길(吉)	길(吉)
49획	변화운(變化運)	중길(中吉)	중길(中吉)
50획	상반운(相半運)	흉(凶)	흉(凶)
51획	흥망운(興亡運)	중길(中吉)	중길(中吉)
52획	상승운(上昇運)	길(吉)	길(吉)
53획	불화운(不和運)	흉(凶)	흉(凶)
54획	고독운(孤獨運)	흉(凶)	흉(凶)
55획	반길운(半吉運)	흉(凶)	흉(凶)
56획	패망운(敗亡運)	흉(凶)	흉(凶)
57획	봉성운(逢盛運)	중길(中吉)	중길(中吉)
58획	만복운(晚福運)	중길(中吉)	중길(中吉)
59획	실의운(失意運)	흉(凶)	흉(凶)
60획	재난운(災難運)	흉(凶)	흉(凶)
61획	명예운(名譽運)	길(吉)	길(吉)
62획	쇠퇴운(衰退運)	흉(凶)	흉(凶)
63획	성공운(成功運)	길(吉)	길(吉)
64획	파멸운(破滅運)	흉(凶)	흉(凶)
65획	융창운(隆昌運)	길(吉)	길(吉)
66획	패망운(敗亡運)	흉(凶)	흉(凶)
67획	공명운(功名運)	길(吉)	길(吉)

획수(劃數)	운(運)	남자	여자
68획	흥가운(興家運)	길(吉)	길(吉)
69획	불안운(不安運)	흉(凶)	흉(凶)
70획	공허운(空虛運)	흉(凶)	흉(凶)
71획	반행운(半幸運)	중길(中吉)	중길(中吉)
72획	상반운(相半運)	흉(凶)	흉(凶)
73획	형통운(亨通運)	중길(中吉)	중길(中吉)
74획	우매운(愚昧運)	흉(凶)	흉(凶)
75획	평화운(平和運)	길(吉)	길(吉)
76획	곤경운(困境運)	흉(凶)	흉(凶)
77획	불성운(不成運)	중길(中吉)	중길(中吉)
78획	평복운(平福運)	중길(中吉)	중길(中吉)
80획	종결운(終結運)	흉(凶)	흉(凶)
81획	왕성운(旺盛運)	길(吉)	길(吉)

길운(吉運)

1, 3, 5, 6, 7, 8, 11, 13, 15, 16, 17, 18, 21, 23, 24, 25, 29, 31, 32, 33, 35, 37, 38, 39, 41, 45, 47, 48, 52, 61, 63, 65, 67, 68, 75, 81

흉운(凶運)

2, 4, 9, 10, 12, 14, 19, 20, 22, 26, 27, 28, 30, 34, 36, 40, 42, 43, 44, 46, 50, 53, 54, 55, 56, 59, 60, 62, 64, 66, 69, 70, 72, 74, 76, 79, 80

반길반흉운(半吉半凶運)

49, 51, 57, 58, 71, 73, 77, 78

수장운(首長運) – 리더가 되는 운

15. 21, 23, 33

재운(財運) – 부자가 되는 운

15, 16, 24, 39, 41, 52

단명운(短命運)

2, 9, 10, 34

제5장

한자가 갖고있는 오행에 의한 이름 짓기

자원오행(字源五行)에 의한 작명법

1. 자원(字源)오행이란

가. 자형(字形)에 의한 방법

나. 자의(字意) 글자의 의미로 오행을 구별하는 방법

2. 성씨(姓氏)의 자원오행(字源五行)

가. 우리나라의 성씨(姓氏)와 중국의 대표적인 10대 성씨(姓氏)

나. 성씨(姓氏) 자원오행(字源五行) 및 작명법

1   자원(字源)오행이란

한자(漢字)오행, 자(字)오행이라고 하고, 그 특성은 **자형(字形)**, **자의(字意)**으로 구분한다.

가. 자형(字形)에 의한 방법

한자를 보면 글자 자체에 목(木), 화(火), 토(土), 금(金), 수(水) 가 포함되어 있는 것을 발견할 수 있는데 이렇게 한자 안에 스스로 오행(五行)이 포함되어 있는 경우를 자형(字形)에 의한 자오행(字五行) 선별방법이라고 한다. 이름으로 자오행(字五行)을 자형(字形)으로 선택할 경우 몇 가지 주의할 점이 있다.

> **첫째** 필획이 너무 많은 글자와 글자 변이 같은 것은 쓰지 말아야 한다.
> **둘째** 글자 구조가 너무 풍만하거나 너무 허약하고 너무 길거나 너무 짧은 것도 쓰지 말아야 한다.
> **셋째** 글자의 모양에 주의를 기울여야 한다. 글자에도 약하고 강하고 충실함이 깃들어 있기 때문이다. 각각의 경우에 해당하는 글자를 살펴보자.

- 풍만한 글자는 행동이 민첩하지 못하고 둔하다.

  비(備), 사(賜), 시(施), 웅(熊), 원(圓), 풍(豊)

- 몸집이 작은 글자는 활력이 있으나 본성은 매우 약하다.

  간(干), 변(卞), 복(卜), 소(小), 우(于), 자(子), 천(千), 칠(七)

- 긴 글자는 곧게 뻗을 수는 있어도 굽힐 수 없고, 나갈 줄은 알아도 물러날 줄 모른다.

  개(芥), 기(奇), 년(年), 신(申), 신(辛), 아(芽), 조(早), 죽(竹), 평(平), 피(被)

- 짧은 글자는 추진력은 강하나, 강박감이 있어 귀인의 도움을 받을 수 없다.

  구(丘), 기(企), 사(四), 산(山), 생(生), 야(也), 여(女), 정(正), 축(丑), 토(土)

- 강한 글자는 움직임이 좋고, 쉽게 달아오고 또 쉽게 식으며 교제를 잘하고 결단력이 있다.

  맹(猛), 무(武), 비(飛), 성(成), 척(戚), 태(泰), 흥(興)

- 약한 글자는 피동적이고 결단력이 부족하다.

  몽(夢), 묘(苗), 미(美), 의(意), 자(姿), 화(花).

- 빈 듯한 글자는 목표가 정확하지 못하고 우왕좌왕하여 뜻을 실현하기 힘들다.

  공(空), 구(口), 기(己), 문(門), 유(幽), 항(亢)

- 충실한 글자는 부지런하나 보수적이고 조금 완고하다.

  국(國), 복(福), 봉(鳳), 실(室), 의(宜), 존(尊), 창(昌), 황(凰)

목(木) 오행의 한자

간(杆), 개(槪), 거(渠), 건(楗), 걸(杰), 검(檢), 격(格), 권(權), 귤(橘), 극(極), 근(根),
근(槿), 기(機), 기(棋), 기(杞), 길(桔), 단(檀), 도(桃), 도(棹), 동(棟), 동(桐), 두(杜),
락(樂), 란(欄), 량(梁), 량(樑), 루(樓), 류(柳), 리(李), 리(梨), 림(林), 말(末), 매(枚),
면(棉), 모(模), 모(某), 목(木), 미(未), 박(朴), 배(杯), 백(栢), 병(柄), 병(棅), 본(本),
봉(棒), 빈(彬), 사(査), 삼(杉), 상(桑), 서(棲), 서(栖), 속(束), 송(松), 수(樹), 식(植),
양(楊), 양(樣), 억(檍), 왕(枉), 용(榕), 유(楡), 장(杖), 재(材), 재(梓), 전(栓), 제(梯),
종(棕), 주(株), 주(朱), 주(柱), 즐(櫛), 지(枝), 집(集), 채(采), 초(樵), 촌(村), 추(楸),
춘(椿), 침(枕), 판(板), 표(標), 표(杓), 풍(楓), 해(楷), 핵(核), 행(杏), 화(樺), 황(榥),
회(檜), 횡(橫)

화(火) 오행의 한자

경(炅), 경(耿), 돈(燉), 등(燈), 란(爛), 련(煉), 로(爐), 번(煩), 병(炳), 봉(烽), 섭(燮),
소(燒), 연(燃), 연(煙), 연(烟), 염(炎), 욱(煜), 재(災), 준(焌), 찬(燦), 현(炫), 형(炯),
홍(烘), 화(火) 환(煥), 황(煌), 휘(輝)

토(土) 오행의 한자

감(堪), 강(堈), 견(堅), 경(境), 곤(坤), 괴(壞), 구(坵), 규(圭), 균(均), 기(基), 기(圻),
단(壇), 당(堂), 대(垈), 도(堵), 도(塗), 돈(墩), 매(埋), 묵(墨), 방(坊), 배(培), 배(配),
벽(壁), 보(堡), 분(墳), 사(寺), 새(塞), 성(城), 숙(塾), 식(埴), 악(堊), 압(壓), 양(壤),
옹(甕), 요(堯), 용(墉), 원(垣), 육(堉), 은(垠), 장(場), 재(在), 전(塡), 제(堤), 준(埈),
증(增), 지(至), 지(地), 지(址), 채(埰), 타(墮), 탄(坦), 탑(塔), 토(土), 토(吐), 퇴(堆),
파(坡), 판(坂), 행(幸), 형(型), 호(壕), 훈(壎)

금(金) 오행의 한자

감(鑑), 건(鍵), 금(錦), 기(錤), 단(鍛), 동(銅), 련(鍊), 록(錄), 명(銘), 봉(鋒), 선(銑),
선(鐥), 순(錞), 영(鍈), 예(銳), 용(鏞), 용(鎔), 윤(鈗), 은(銀), 전(銓), 정(錠), 정(鉦),
정(鋌), 조(釣), 종(鐘), 종(鍾), 주(鑄), 진(鎭), 찬(鑽), 철(鐵), 추(錐), 추(錘), 침(針),
탁(鐸), 현(鉉), 호(鎬), 흠(欽)

수(水) 오행의 한자

갈(渴), 감(減), 강(江), 결(決), 결(潔), 경(涇), 계(溪), 관(灌), 기(汽), 기(淇), 담(淡),
담(潭), 답(沓), 동(洞), 락(洛), 란(瀾), 람(濫), 루(淚), 류(流), 린(潾), 만(漫), 멸(滅),
명(溟), 목(沐), 몰(沒), 문(汶), 미(渼), 배(湃), 범(汎), 범(氾), 법(法), 부(浮), 부(溥),
분(汾), 빈(濱), 빙(氷), 사(沙), 사(泗), 상(湘), 석(汐), 석(淅), 선(渲), 섭(涉), 세(洗),
소(消), 소(沼), 수(水), 수(洙), 숙(淑), 순(淳), 순(洵), 습(濕), 식(湜), 심(深), 심(沁),
애(涯), 액(液), 양(洋), 어(漁), 여(汝), 연(沿), 연(涓), 영(永), 영(泳), 영(渶), 영(瀯),
옥(沃), 온(溫), 완(浣), 왕(汪), 욕(浴), 용(涌), 용(溶), 원(沅), 원(源), 위(渭), 유(油),
유(洧), 유(油), 윤(潤), 음(淫), 읍(泣), 일(溢), 잠(潛), 재(溨), 적(滴), 점(漸), 정(淨),
정(汀), 정(湞), 정(淀), 제(濟), 조(潮), 종(淙), 주(注), 주(洲), 주(酒), 주(湊), 준(浚),
준(濬), 지(池), 지(沚), 진(津), 집(潗), 징(澄), 찬(澯), 창(滄), 천(淺), 철(澈), 첨(添),
청(淸), 충(沖), 측(測), 치(治), 칠(漆), 침(浸), 침(沈), 탁(濁), 탁(濯), 탕(湯), 태(汰),
택(澤), 파(波), 팽(澎), 포(浦), 표(漂), 필(泌), 하(河), 한(漢), 한(汗), 한(澣), 한(瀚),
함(涵), 항(港), 항(沆), 해(海), 현(泫), 협(浹), 형(泂), 형(瀅), 호(浩), 호(湖), 호(澔),
호(淏), 호(濠), 호(灝), 혼(混), 혼(渾), 홍(洪), 홍(鴻), 홍(泓), 환(渙), 활(活), 황(滉),
회(澮), 효(涍)

나. 자의(字意)에 의한 방법

자의(字意)에 의해 오행을 분별함에 있어서 아래의 예와 같이 글자의 의미로 오행을 구별할 수 있고, 사물의 성질에 의해서도 오행을 나누었다. 예를 들어 오방(五方), 오계(五季), 오장(五臟), 오상(五常) 등은 사물의 성질을 기본으로 구분하여, 이름에 부족한 오행을 보완하는데 사용하였다.

목(木) 이 없는 사람은 춘(春), 풍(風), 청(靑), 인(仁) 등의 글자로 보완하였다. 이 한자는 모두 목(木) 오행에 속하기 때문이다.

화(火) 가 없는 사람은 남(南), 례(禮), 하(夏), 홍(紅) 등의 글자로 보완할 수 있다. 이 한자는 모두 화(火) 오행에 속하기 때문이다.

토(土) 가 결핍한 사람은 중(中), 신(信), 황(黃) 등의 글자로 보완할 수 있다. 이 한자는 모두 토(土) 오행에 속하기 때문이다.

금(金) 이 부족한 사람은 서(西), 백(白), 의(義) 등의 글자로 보완할 수 있다. 이 한자는 모두 금(金) 오행에 속하기 때문이다.

수(水) 가 부족한 사람은 동(冬), 북(北), 흑(黑), 지(智) 등의 글자로 보완할 수 있다. 이 한자는 모두 수(水) 오행에 속하기 때문이다.

각(刻), 강(剛), 검(劍), 극(剋), 렬(列), 류(劉), 리(利), 별(別), 부(副), 부(剖), 전(前) 제(制), 창(創), 판(判), 형(刑) 한자는 **모두 칼 도(刀) 변**을 포함하고 있으므로 **금(金)**에 속한다.

간(簡), 관(管), 답(答), 립(笠), 부(符), 생(笙), 소(笑), 소(簫), 적(笛), 제(第), 죽(竹), 책(策), 축(竺), 축(築) 등 글자에는 **대죽(竹)변**이 들어 있어 모두 **목(木)**에 속한다.

가(稼), 계(季), 과(科), 려(黎), 리(利), 목(穆), 색(穡), 수(穗), 수(秀), 온(穩), 위(委), 이(移), 적(積), 정(程), 종(種), 진(秦), 질(秩), 추(秋), 칭(稱), 향(香), 화(禾), 화(和), 희(稀) 등의 글자에도 **벼화(禾) 변**이 들어 있어 역시 **목(木)**에 속한다.

로(魯), 선(鮮), 어(魚) 등의 글자는 고기 어(魚)변이 들어 있고 로(露), 뢰(雷), 상(霜), 설(雪), 수(需), 우(雨), 운(蕓), 진(震) 등의 글자는 **비 우(雨)**가 포함되어 있으므로 모두 **수(水)**에 속한다.

광(光), 요(耀), 휘(輝) 등의 글자는 빛 광(光)이 들어 있고 경(景), 곤(昆), 난(暖), 단(旦), 량(量), 명(明), 민(旻), 보(普), 성(星), 소(昭), 순(旬), 시(時), 신(晨), 안(晏), 앙(昂), 역(易), 영(暎), 왕(旺), 요(曜), 욱(旭), 일(日), 정(晶), 조(早), 지(智), 창(昌), 청(晴), 춘(春), 휘(暉) 등의 글자는 날 일(日) 변이 들었으므로 모두 **화(火)**에 속한다.

기(崎), 도(島), 람(嵐), 봉(峰), 산(山), 아(峨), 악(岳), 안(岸), 암(岩), 유(幽), 잠(岑), 준(峻), 치(峙) 등의 자는 **메 산(山)** 자가 들었고 려(礪), 뢰(磊), 벽(碧), 사(砂), 석(石), 석(碩), 연(硏), 연(硯), 자(磁), 확(確) 등의 자는 돌 **석(石)**자가 들어 있다.

갑(甲), 계(界), 남(男), 략(略), 류(留), 부(富), 사(思), 신(申), 유(由), 전(田), 주(疇) 등의 글자는 **밭 전(田)**이 들어 있고 각(珏), 곤(琨), 구(玖), 기(琪), 대(玳), 련(璉), 령(玲), 류(琉), 림(琳), 마(瑪), 산(珊), 선(璇), 영(瑛), 요(瑤), 위(瑋), 주(珠), 진(珍), 탁(琢), 호(瑚), 환(環), 황(璜) 등의 자는 임금 **왕[王: 구슬 옥(玉)]**변이 들어 있다. 그러므로 모두 **토(土)**에 속한다.

2 성씨(姓氏)의 자오행(字五行)

가. 우리나라의 성씨(姓氏)와 중국의 대표적인 10대 성씨(姓氏)

우리나라의 성(姓)은 중국의 한자문화가 유입된 뒤인 삼국시대부터 사용되었으며 현재 274개의 성씨(姓氏)가 있다. 그 중에서도 가장 많이 쓰이는 성씨(姓氏)을 살펴보면 아래와 같습니다.

가락국 수로왕이 시조인 김(金)씨
신라의 이한(李翰)이 시조인 이(李)씨
신라의 박언침을 시조로 하는 박(朴)씨
신라 소벌도리 (蘇伐都利)를 기원으로 하는 최(崔)씨
고구려 강이식(姜以式)이 시조인 강(姜)씨
신라 조맹(원래 이름은 바우)을 시조로 하는 조(趙)씨
신라 정회문이 시조인 정(鄭)씨
고려의 개국공신인 윤신달(尹莘達)이 시조인 윤(尹)씨
고려 때의 임비를 시조로 하는 임(林)씨
고려 때의 한예(중국 송나라 팔 학사 중 한 사람)를 시조로 하는 한(韓)씨
신라 자비왕 때의 문다성이 시조인 문(文)씨 등이 있다.

그리고 두 글자 성씨(姓氏)에는 중국 주나라 문왕 때 남궁자의 후예인 **남궁(南宮)**씨, 기자의 첫째 아들 기송이 2대 장혜왕으로 즉위하면서 아우 기중을 우산국에 봉하여 조선의 선과 우산국의 우를 합하여 성씨를 선우라고 했다는 **선우(鮮于)**씨, 고려 태조 왕건의 창업공신 중 한 사람인 금강성(金剛城) 장군 황보능장(皇甫能長)이 시조라는 **황보(皇甫)**씨, 고려 때의 독고신을 시조로 하는 **독고(獨孤)**씨 등이 있다.

성(姓)은 여(女)+생(生), 이것을 풀이하면 성이란 여자가 낳은 것을 뜻한다.
이것이 말해주듯 인간은 처음에는 모계(母系)의 성을 따랐다. 한자(漢字) 성씨를 처음 사용한 나라는 한자의 발명국인 중국이고 지금 중국에서 사용되는 성씨는 3000여 개가 있지만 흔히 볼 수 있는 성씨는 300여 개뿐이고 그 중 100위까지의 성씨는 중국 총 인구의 87%가 사용하고 있다. **중국백가대성(中國百家大姓)**은 그 뿌리가 깊고 명인도 대단히 많다.

그러면 우리나라의 성과 중국 성 사이에는 어떤 관계가 있는 것일까?
여기서 중국 일부 성씨의 시조를 알아보도록 하자. 중국 역사에 나타난 명인의 이름은 중국 작명법(作名法)의 정수를 배울 수 있는 좋은 자료가 된다.

김(金)씨
김(金)씨는 중국에서 69번째로 큰 성씨이다. 황제(黃帝)의 후대 소오(少吳)가 김(金)씨의 시조라고 한다. 역사적으로 이름을 남긴 김씨는 명나라 대학사(大學士) 김유자(金幼孜), 학자 김문(金問), 청나라 명장 김려(金礪) 등이 있다.

최(催)씨
최(催)씨는 중국에서 74번째로 큰 성씨이다. 염제(炎帝)의 후예(後裔), 강상(姜尙)의 후대가 최(催)씨의 시조이다. 역사적으로 이름을 남긴 인물은 동한(東漢)의 학자 최식(崔寔), 북위(北魏) 때 중신 최굉(崔宏), 학자 최광(崔光), 남송의 중신 최여지(崔與之) 등이 있다.

이(李)씨

이(李)씨는 중국에서 왕(王)씨 다음으로 많은 사람이 사용하고 있다. 그 시조는 고도(皐陶)이다. 대리(大理)라는 벼슬을 하다가 그 벼슬이 이라는 성씨로 바뀐 경우이다.

중국 역사에 나타나는 이(李)씨 명인으로는 춘추(春秋)시대 사상가 이이(李耳), 진(秦)나라 승상 이사(李斯), 당(唐)나라 황제 이연(李淵), 이적(李勣), 학자 이연수(李延壽), 시인 이백(李白), 남송(南宋) 의학가 이시진(李時珍) 등이 있다.

조(趙)씨

조(趙)씨는 현대 중국에서 일곱 번째로 많은 성씨이다. 소호(少昊)의 후손 조부(造父)가 주목왕(周穆王)의 마차부로서 큰 공을 세워 조씨 성을 하사 받았다. 그리하여 조(趙)씨의 시조가 되었다고 한다. 역사상 조(趙)씨의 명인으로는 진(秦)나라의 중신(重臣) 조고(趙高), 서한(西漢)의 황후 조비연(趙飛燕), 남송(南宋) 황제 조구(趙構), 청(淸)나라 학자 조익(趙翼) 등이 있다.

임(林)씨

임(林)씨는 중국에서 16번째로 많은 성이다. 상(商)나라 비간(比干)의 후손인 견(堅)이 임(林)씨 시조라고 한다. 비간은 상나라 주왕(紂王)의 숙부인데 간언(諫言)을 했다 하여 죽여버리고 그 부인은 도망쳐 아들 견을 낳았다. 후에 주무왕(周武王)이 견에게 임(林)씨 성을 하사했다 한다.

역사적으로 이름을 남긴 임(林)씨는 북송(北宋)의 시인 임포(林逋), 남송(南宋)의 시인 임경희(林景熙), 화가 임춘(林椿), 청(淸)나라 중신(重臣) 임칙서(林則徐), 근현대에 이르러 임어당(林語堂) 등이 있다.

정(鄭)씨

정(鄭)씨는 중국에서 23번째로 많은 성씨이다. 서주(西周)에서 갈라져 나온 정(鄭)나라의 정환공 (鄭桓公)이 시조이다. 역사적으로 이름을 남긴 정(鄭)씨는 북위(北魏)의 시인 정도소(鄭道昭), 당나라 시인 정곡(鄭谷), 남송(南宋) 학자 정초(鄭樵) 등이 있다.

한(韓)씨

한(韓)씨는 중국에서 25번째로 많은 사람들이 사용하는 성씨이다. 서주(西周) 무왕(武王)의 서자(庶子), 즉 첩의 자식 한후(韓侯)가 시조이다. 역사적으로 이름을 남긴 인물 중 한씨는 진(晉)나라의 중신인 한만(韓萬), 전국(戰國)시대의 사상가 한비(韓非), 서한(西漢)의 장군 한신(韓信), 당나라 문학가 한유(韓愈), 남당(南唐) 문학가 한희재(韓熙載) 등이 있다.

강(姜)씨

강(姜)씨는 중국에서 60번째로 많은 성씨이며 가장 오래된 성씨 중 하나이다.

소전씨(少典氏)가 한(漢)민족의 시조라고 불리는 황제(黃帝, 皇帝와는 다르다)와 염제(炎帝)를 낳았는데 염제(炎帝)가 강수(姜水)유역에 살았으므로 후손들은 성을 강(姜)씨로 했다.

역사적으로 이름을 남긴 강씨는 제(齊)나라 국군인 강상(姜尙), 촉한(蜀漢)의 장군 강유(剛柔), 남송의 명장 강재(姜才), 명나라 학자 강보(姜寶) 등이있다.

윤(尹)씨

윤(尹)씨는 중국에서 91번째로 큰 성씨이다. 역사적으로 이름을 남긴 인물은 제(齊)나라 학자 윤문(尹文), 명나라 중신 윤직(尹直), 청나라 대학사 윤계선(尹繼善), 근현대에 이르러서는 윤달(尹達) 등이 있다.

문(文)씨

문(文)씨는 중국에서 100번째로 큰 성씨이다. 서주(西周)의 문왕(文王)이 시조라는 설(說)과 염제(炎帝) 의 예손(裔孫), 문숙(文淑)이 시조라는 설도 있다. 역사적으로 이름을 남긴 인물은 당나라의 고승(高僧) 문강(文綱)과 북송의 승상 문언박(文彦博), 화가 문동(文同), 명나라 때 문백인(文伯仁) 등이 있다.

왕(王)씨

왕(王)씨는 현대 중국에서 1억이 넘는 인구가 사용하는 대성(大姓)이다. 왕(王)씨는 모두 동주(東周) 영왕(靈王)의 태자(太子) 진(晉)을 시조로 한다. 영왕(靈王) 22년(기원전 550년)에 수도 낙양(洛陽) 부근의 두 갈래 강, 즉 곡수(谷水)와 낙수(落水)에 홍수가 나서 왕궁을 위협하는 일이 있었다고 한다. 이때 영왕(靈王)은 둑을 쌓아 강물을 막고자 하였으나, 지혜가 뛰어난 태자가 나서며 막을 것이 아니라 물길을 터서 물이 빠져나가게 해야 한다고 주장했다. 그러나 영왕(靈王)은 고집을 꺾지 않았을 뿐만 아니라 태자마저 폐위(廢位)시켜 버렸다.

태자 진(晉)은 하루아침에 왕족(王族)에서 일개 백성으로 전락했고, 그 후부터 성을 왕(王)씨로 지었다고 한다. 중국 역사에서 볼 때 왕(王)씨 명인으로는 진(秦)나라 대장 왕리(王離), 신(新) 나라를 창건한 황제 왕망(王莽), 동한(東漢)의 승상(丞相) 왕윤(王允), 철학가 왕충(王充), 학자 왕부(王符), 시인 왕찬(王粲), 동진(東晉)의 승상 왕도(王導), 서법가 왕희지(王羲之), 왕헌지(王獻之), 전진(前秦)의 승상 왕맹(王猛), 당나라 시인 왕유(王維), 북송의 승상 왕안석(王安石) 등 수없이 많다.

나. 성씨(姓氏) 자원오행(字源五行) 및 작명법

성씨(姓氏) 자오행(字五行)은 자형(字形), 자의(字意)에 의해 구분되며, 자원오행(字源五行)을 기준으로 작명을 해야 한다.

첫째 성씨(姓氏)와 이름(명자名字)은 음(音)오행과 같이 목·화·토·금·수(木·火·土·金·水) 오행(五行)의 요소를 상생(相生)관계, 생극(生剋)관계, 상극(相剋)관계, 상비(相比)관계를 고려해서 작명을 하여야 한다.
둘째 성씨(姓氏)를 기준으로 이름(명자名字)을 붙일 경우 수리(數理)상 원형이정(元亨利貞) 조합이 길(吉)한 경우를 계산해야 된다.

예를 들면 2획의 성씨(姓氏) 정(丁) 복(卜) 우(又) 도(刀) 역(力) 내(乃)에 이름(명자名字)을 붙일 때 1획+4획, 1획+5획, 1획+14획, 1획+12획으로 조합할 경우 원형이정(元亨利貞) 운(運)이 길(吉)하고, 3획+ 3획(**女**), 3획+13획(**女**)을 붙일 경우 남자에도 길(吉)하지만 여자에게 더욱 좋다는 뜻이다. 그리고 도서에서 성씨(姓氏) 획수 기준으로 작명(作名) 예를 만들어 놓았으니, 혹 누락된 성씨(姓氏)가 있으면, 또한 획수를 참조하여 적용하여 좋은 이름을 작명할 수 있다.

예시) 金(8획)성씨에 이름(명자名字)을 10획 15획으로 선택 할 경우

◖ 사격(四格) 원형이정(元亨利貞) 감별
원격(元格) : 25획 안전격(安全格) = 10획 + 15획 ▶ 초년운
형격(亨格) : 18획 발전격(發展格) = 金(8획) + 10획 ▶ 청장년운
이격(利格) : 23획 공명격(功名格) = 金(8획) + 15획 ▶ 중년운
정격(貞格) : 33획 승천격(昇天格) = 金(8획) + 10획 + 15획 ▶ 말년운

성씨 별 작명 속성 표

성씨 자오행(字五行)을 기준으로 운이 좋은 획수만 조합할 수 있도록 도표를 만들어 놓았으니, 참조하시면 유익하게 활용할 수가 있다. **女**가 붙은 것은 여자에게 특히 좋다는 뜻임.

2劃 성씨(姓氏)

성씨(姓氏)	丁	卜	又	刀	力	乃							
음(音)	정	복	우	도	역	내							
자(字)오행	火	火	水	金	土	金							

▶ 성씨(姓氏), 이름이 길(吉)한 획수조합

성姓	2	2	2	2	2	2	2	2	2	2	2	2	2	2
명名	1	1	1	1	1	3	3	4	4	4	4	5	5	5
자字	4	5	14	15	22	3	13	1	9	11	19	6	11	16
						女	女		女	女		女	女	

	2	2	2	2	2	2	2	2						
	6	6	9	13	13	14	14	16						
	9	15	14	16	19	15	19	19						
	女		女	女		女								

3劃 성씨(姓氏)

성씨(姓氏)	千	大	弓	凡	于	山	子	干					
음(音)	천	대	궁	범	우	산	자	간					
자(字)오행	水	木	火	水	水	土	水	水					

▶ 성씨(姓氏), 이름이 길(吉)한 획수조합

성姓	3	3	3	3	3	3	3	3	3	3	3	3	3	3
명名	3	8	8	10	12	14	14	14		2	2	3	3	3
자字	10	13	21	8	20	15	21	18	18	3	13	10	12	18
			女	女		女	女			女	女		女	

	3	3	3	3
	4	5	5	
	14	8	10	8
		女	女	

4劃 성씨(姓氏)

성씨(姓氏)	尹	文	元	孔	卞	王	方	毛	仇	仁	牛	公	太
음(音)	윤	문	원	공	변	왕	방	모	구	인	우	공	태
자(字)오행	水	木	木	水	土	金	土	火	火	火	火	金	木

天	夫	井	化	牛	日	巴	介	木	片	水	斤	
천	부	정	화	우	일	파	개	목	편	수	근	
火	木	水	火	土	火	土	火	木	木	水	金	

▶ 성씨(姓氏), 이름이 길(吉)한 획수조합

성姓	4	4	4	4	4	4	4	4	4	4	4	4	4	4
명名	1	1	1	2	2	2	3	3	4	4	4	4	7	9
자字	2	12	20	9	11	19	4	14	7	9	13	17	14	12
	女	女	女	女	女		女		女	女				

	4	4	4	4	4	4	4
	9	11	11	12	12	12	13
	20	14	20	13	17	19	20
		女	女	女			

142 | 마이베이비 셀프네이밍

5劃 성씨(姓氏)

성씨(姓氏)	田	白	申	石	甘	玉	史	皮	平	占	永	氷	包
음(音)	전	백	신	석	감	옥	사	피	평	점	영	빙	포
자(字)오행	土	金	金	金	土	金	水	金	木	水	水	水	金

召	冊	台	功	北	令	弘	疋	玄	佐	丘	丕	王
소	책	태	공	북	령	홍	필	현	좌	구	비	왕
水	木	水	木	水	火	火	土	火	火	土	木	金

▶ 성씨(姓氏), 이름이 길(吉)한 획수조합

성姓	5	5	5	5	5	5	5	5	5	5	5	5	5	5
명名	1	1	1	2	2	2	3	3		6	6	6		8
자字	2	10	12	6	11	16	8	10	6	10	12	18	8	10
			女	女	女	女	女	女		女				

5	5	5	5	5	5	5	5
8	12	13		16			10
16	12	20	16	16	24	18	6
女	女						女

6劃 성씨(姓氏)

성씨(姓氏)	全	任	安	朱	吉	伊	印	牟	米	好	朴	西	羽
음(音)	전	임	안	주	길	이	인	모	미	호	박	서	우
자(字)오행	土	火	木	木	水	火	木	土	木	土	木	金	火

有	宅	守	百	老	圭	光	曲	先	后			
유	택	수	백	노	규	광	곡	선	후			
水	木	木	水	土	土	火	土	木	木			

▶ 성씨(姓氏), 이름이 길(吉)한 획수조합

성姓	6	6	6	6	6	6	6	6	6	6	6	6	6	6
명名		1	1	2	2	2		5	5	5		7	7	7
자字	1	10	17	5	9	15	5	10	12	18	7	10	11	18
				女	女								女	女

6	6	6	6	6	6	6	6	6	6	6	6	6
9	10	10		11	11	12	12		15		15	
9	15	19	11	12	18	19	17	15	17	17	18	
女	女	女			女	女						

7劃 성씨(姓氏)

성씨(姓氏)	李	池	吳	宋	呂	辛	江	成	延	車	判	甫	杜
음(音)	이	지	오	송	려	신	강	성	연	차	판	보	두
자(字)오행	木	水	水	木	水	金	水	火	木	火	金	水	木

佐	何	良	吾	弟	谷	孝	廷	余	汎	見	君	初	池
좌	하	량	오	제	곡	효	정	여	범	견	군	초	지
火	火	土	水	水	土	土	木	火	水	火	水	金	水

▶ 성씨(姓氏), 이름이 길(吉)한 획수조합

성姓	7	7	7	7	7	7	7	7	7	7	7	7	7	7
명名	1	1	4	4	6	6	6		8	8	8	8	8	
자字	10	16	4	14	10	11	18	6	8	8	9	10	16	17
			女	女		女	女				女	女		女

7	7	7	7	7	7	7	7
9	10	11	14	14		16	
16	14	14	17	18	16	16	18
					女		

성씨(姓氏)	金	林	沈	孟	寄	房	明	尙	具	周	知	承	季
음(音)	김	임	심	맹	기	방	명	상	구	주	지	승	계
자(字)오행	金	木	水	水	土	水	火	金	金	水	土	水	木

卓	奉	忠	采	昕	門	斧	岳	空	長	昇	庚	沙	京	昔
탁	봉	충	채	흔	문	부	악	공	장	승	경	사	경	석
木	水	火	木	火	木	金	土	木	木	火	金	水	土	火

宗	舍	和	昌	狄	奈	艾	夜
종	사	화	창	적	내	애	야
木	火	火	火	火	木	木	水

▶ 성씨(姓氏), 이름이 길(吉)한 획수조합

성姓	8	8	8	8	8	8	8	8	8	8	8	8	8	8
명名		3	3	3		5	5	5		7	7	7	7	7
자字	3	10	5	13	5	8	10	16	7	8	9	10	16	17
			女							女	女	女		女

	8	8	8	8	8	8	8	8	8	8	8	8	8	8
	9	9	9	10	10		13	13	13		15	15	16	17
	8	15	16	13	15	13	8	10	16	15	8	16	17	8
	女													

9劃 성씨(姓氏)

성씨(姓氏)	柳	兪	姜	南	禹	河	咸	宣	韋	秋	表	柴	泰
음(音)	류	유	강	남	우	하	함	선	위	추	표	시	태
자(字)오행	木	火	土	火	土	水	水	木	金	木	木	木	水

俊	泉	彦	段	星	貞	思	拓	香	律	施	姚	扁	肖
준	천	언	단	성	정	사	척	향	율	시	요	편	초
火	水	火	金	火	金	火	木	木	火	土	土	木	水

▶ 성씨(姓氏), 이름이 길(吉)한 획수조합

성姓	9	9	9	9	9	9	9	9	9	9	9	9	9	9
명名	2	2	2	4	4	4	6	7	7	8	8	8	9	15
자字	4	6	14	4	12	20	9	8	16	8	15	16	14	8
	女	女				女	女		女					

10劃 성씨(姓氏)

성씨(姓氏)	洪	徐	高	殷	秦	時	桂	宮	唐	袁	晉	耿	桓
음(音)	홍	서	고	은	진	시	계	궁	당	원	진	경	환
자(字)오행	水	火	火	金	木	火	木	木	水	木	火	火	木

芳	桑	馬	原	晏	恭	夏	貢	孫	花	眞	剛	倉	洙	曹
방	상	마	원	안	공	하	공	손	화	진	강	창	수	조
木	木	火	土	火	火	火	金	水	木	木	金	火	水	土

▶ 성씨(姓氏), 이름이 길(吉)한 획수조합

성姓	10	10	10	10	10	10	10	10	10	10	10	10	10	10
명名	1	1	1	1	3	3	3	5	5	6	6	7	7	8
자字	5	6	7	14	3	5	8	8	6	7	15	8	14	13
	女	女	女	女	女	女			女			女		

	10	10	10											
	8	11	14											
	15	14	15											
		女	女											

성씨(姓氏)	崔	張	章	將	康	堅	梁	魚	許	邦	啓	珠	扈
음(音)	최	장	장	장	강	견	양	어	허	방	계	주	호
자(字)오행	土	金	金	土	木	土	木	水	金	土	水	金	木

那	麻	浪	卿	國	栗	乾	尉	常	梅	海	彬	班	胡
나	마	랑	경	국	율	건	위	상	매	해	빈	반	호
土	木	水	木	土	木	金	土	木	木	水	木	金	水

▶ 성씨(姓氏), 이름이 길(吉)한 획수조합

성姓	11	11	11	11	11	11	11	11	11	11	11	11	11
명名	2	2	4		6	6	6	7	7	10	14	14	18
자字	4	5	14	6	7	12	18	6	14	14	7	10	6
	女	女	女		女		女	女					女

12劃 성씨(姓氏)

성씨(姓氏)	閔	黃	智	童	舜	博	敦	堯	荀	淳	順	雲	邵
음(音)	민	황	지	동	순	박	돈	요	순	순	순	운	소
자(字)오행	木	土	火	金	木	火	金	水	木	水	火	水	土

賀	弼	景	程	森	荊	登	彭	曾	閏	閑	善	勝	庾	異
하	필	경	정	삼	형	등	팽	증	윤	한	선	승	유	이
金	金	火	木	木	木	火	火	火	火	木	水	土	木	土

馮	卨	東	方	邸	壹	傅	邱	單	森	强			
풍	설	동	방	저	일	부	구	단	삼	강			
火	土	木	土	土	土	火	土	水	木	金			

▶ 성씨(姓氏), 이름이 길(吉)한 획수조합

성姓	12	12	12	12	12	12	12	12	12	12	12	12	12	12
명名	1	1	3	4	4	5	5	6	6	6	9	11	12	12
자字	4	5	20	9	19	6	20	5	11	19	12	6	13	17
	女	女					女	女		女			女	女

13劃 성씨(姓氏)

성씨(姓氏)	廉	楊	睦	琴	莊	楚	雷	賈	敬	郁	新	溫	阿
음(音)	렴	양	목	금	장	초	뢰	가	경	욱	신	온	아
자(字)오행	木	木	火	金	木	木	水	金	金	土	金	水	土

司	空	岡	山	小	峰	頓	雍	椿	湯			
사	공	강	산	소	봉	돈	옹	춘	탕			
水	水	土	土	水	土	火	火	木	水			

▶ 성씨(姓氏), 이름이 길(吉)한 획수조합

성姓	13	13	13	13	13	13	13	13	13	13	13	13	13
명名	2	3	3	4	4	5		8	8	8	10	12	16
자字	3	2	8	4	12	20	8	8	10	16	8	12	8
	女	女		女	女							女	

14劃 성씨(姓氏)

성씨(姓氏)	趙	裵	愼	鳳	賓	端	種	箕	華	壽	榮	溪	薺
음(音)	조	배	신	봉	빈	단	종	기	화	수	영	계	제
자(字)오행	土	水	火	火	金	金	木	木	木	木	木	水	土

公	孫	西	門	實	槐	兢	甄	菊	連	碩	菜		
공	손	서	문	실	괴	긍	견	국	련	석	채		
金	水	金	木	木	木	水	土	木	土	金	木		

▶ 성씨(姓氏), 이름이 길(吉)한 획수조합

성姓	14	14	14	14	14	14	14	14	14	14	14	14	14	14
명名	1	1	2	2	2	3	3	4	4	4	4	4	7	7
자字	2	10	1	9	15	4	5	3	11	7	17	21	10	11
	女	女	女		女	女	女		女			女		

	14	14	14	14	14	14								
	9	10	10	10	10	11								
	15	1	7	11	15	10								
		女		女										

15劃 성씨(姓氏)

성씨(姓氏)	慶	魯	劉	葉	董	漢	標	廣	價	萬	部	葛	郭
음(音)	경	노	류	섭	동	한	표	광	가	만	부	갈	곽
자(字)오행	木	火	金	木	木	水	木	木	火	木	土	木	土

漫	墨	司	馬	長	谷	緣	彈	漢	樑	樓	賓	興	影	諸
만	묵	사	마	장	곡	연	탄	한	량	루	빈	흥	영	제
水	土	水	火	木	水	木	金	水	木	木	金	土	火	金

▶ 성씨(姓氏), 이름이 길(吉)한 획수조합

성姓	15	15	15	15	15	15	15	15	15	15	15	15	15	15
명名	1	2	2	2	2	3		6	6		8	8	8	10
자字	2	1	6	14	16	20	6	10	18	8	8	10	16	14
				女				女						女

15	15	15	15	15	15	5
14	14		16	16	17	18
10	18	16	8	16	6	6
女		女		女		

16劃 성씨(姓氏)

성씨(姓氏)	陳	盧	陰	燕	龍	諸	潘	遇	陶	陸	錢	道	都
음(音)	진	노	음	연	용	제	반	우	도	육	전	도	도
자(字)오행	土	水	土	火	土	金	水	土	土	土	金	土	土

皇	甫	輸	蓋	彊	橋	頭							
황	보	수	개	강	교	두							
金	水	火	木	金	木	火							

▶ 성씨(姓氏), 이름이 길(吉)한 획수조합

성姓	16	16	16	16	16	16	16	16	16	16	16	16	16	16
명名		1	1	2	2	2	2		5	5		7	7	8
자字	1	7	15	5	13	15	19	5	8	16	7	8	16	13
		女	女		女		女							

	16	16	16	16	16	16	16	16	16	16	
	8	8	9	9		13		15	15		
	15	17	8	16	13	16	15	17	16	17	
				女		女			女		

17劃 성씨(姓氏)

성씨(姓氏)	韓	蔡	蔣	鍾	鮮	鞠	陽	燭	濃	謝	澤	蓮	鄒
음(音)	한	채	장	종	선	국	양	촉	농	사	택	연	추
자(字)오행	金	木	木	金	水	木	土	火	水	金	水	木	土

▶ 성씨(姓氏), 이름이 길(吉)한 획수조합

성姓	17	17	17	17	17	17	17	17	17	17	17	17	17	17
명名	1	1	4	4	4	4		6	6	6	7	7		8
자字	6	14	4	12	14	20	6	12	15	18	8	14	8	16
		女									女	女		

	17	17	17	17	17	17
	12	15		16		16
	12	16	16	15	18	8
	女			女	女	

18劃 성씨(姓氏)

성씨(姓氏)	魏	簡	雙	戴	鞦	顔	鎬					
음(音)	위	간	쌍	대	추	안	호					
자(字)오행	火	木	火	金	木	火	金					

▶ 성씨(姓氏), 이름이 길(吉)한 획수조합

성姓	18	18	18	18	18	16	18	18	18	18	18	18	18	18
명名		3	3		5	6	6	6	6		7	11		
자字	3	3	14	5	6	7	11	15	17	7	6	6	13	15
						女	女			女	女	女		

	18	18	18								
	15		17								
	6	17	6								

19劃 성씨(姓氏)

성씨(姓氏)	鄭	薛	南	宮	古	爾	魚	金	譚	龐			
음(音)	정	설	남	궁	고	이	어	금	담	방			
자(字)오행	土	木	火	木	水	火	水	金	金	土			

▶ 성씨(姓氏), 이름이 길(吉)한 획수조합

성姓	19	19	19	19	19	19	19	19	19	19	19	19	19	19
명名	2	2	4	4	4	6	6	10	12	12	13	14	16	
자字	4	14	2	14	12	10	12	6	4	6	16	4	13	
						女	女	女		女	女		女	

20劃 성씨(姓氏)

성씨(姓氏)	嚴	羅	還	釋	鮮	于	夏	候				
음(音)	엄	라	환	석	선	우	하	후				
자(字)오행	水	木	土	木	水	水	火	火				

▶ 성씨(姓氏), 이름이 길(吉)한 획수조합

성姓	20	20	20	20	20	20	20	20	20	20	20	20	20	20
명名	1	1	3	3	3	4	4	4	4	5	5	9	11	12
자字	4	12	15	18	12	1	9	11	17	12	13	4	4	1
						女		女	女	女			女	

	20	20	20	20	20
	12	12	12	13	13
	3	9	13	5	19
		女			

21劃 성씨(姓氏)

성씨(姓氏)	隨	顧	鶴	藤							
음(音)	수	고	학	등							
자(字)오행	土	土	火	木							

▶ 성씨(姓氏), 이름이 길(吉)한 획수조합

성姓	21	21	21									
명名	4	3	3									
자字	12	8	14									
	女	女	女									

22劃 성씨(姓氏)

성씨(姓氏)	權	蘇	邊	隱	耶	律						
음(音)	권	소	변	은	야	율						
자(字)오행	木	木	土	土	土	火						

▶ 성씨(姓氏), 이름이 길(吉)한 획수조합

성姓	22	22	22	22	22	22	22	22	22	22	22	22	22	22
명名	2	2	2	2	3	3	3	7	7	9	9	10	10	10
자字	9	11	13	15	10	13	20	9	10	7	16	11	13	15
			女	女	女	女		女	女	女	女			女

	22	22	22	22	22	22	22	22	22	22	22	22
	11	1	1	1	16							
	10	2	10	16	9							
				女								

25劃 성씨(姓氏)

성씨(姓氏)	獨	孤									
음(音)	독	고									
자(字)오행	土	水									

▶ 성씨(姓氏), 이름이 길(吉)한 획수조합

성姓	25	25	25	25	25	25	25	25
명名	4	6		10		10	8	
자字	4	10	8	22	7	6	8	
		女		女		女		

31劃 성씨(姓氏)

성씨(姓氏)	諸	葛									
음(音)	제	갈									
자(字)오행	金	木									

▶ 성씨(姓氏), 이름이 길(吉)한 획수조합

성姓	31	31	31	31	31	31	31	31	31	31	31	31
명名	1	1	2	2	6	7	4	7		8		
자字	6	16	4	6	10	10	4	14	8	8	16	6
			女	女	女	女				女	女	

제6장

실전 우리아이 이름 짓기

1. 실전 우리아이 이름짓기

가. 화오행이 과부족한 사주팔자의 작명

나. 수오행이 과부족한 사주팔자의 작명

다. 목오행이 과부족한 사주팔자의 작명

라. 금오행이 과부족한 사주팔자의 작명

마. 토오행이 과부족한 사주팔자의 작명

바. 돌림자, 항렬자(行列字)를 넣고 이름 짓기

사. 12띠와 이름짓기

1 실전 우리아이 이름 짓기

아이의 이름을 짓기 시작하려고 하니, 사격(四格), 음오행(音五行), 자오행 (字五行), 사주팔자에 부족한 오행까지 맞추어가며 이름을 지으려하니 그렇게 녹녹하지는 않다.

첫째 사주를 세운다. 그리고 천천히 사주를 관찰하여 오행중 부족한 것이 무엇이고, 넘치는 것이 무엇인지 찾는다. 정확히 말하면 용신(用神)을 찾아 적용한다.

둘째 5장의 성씨(姓氏) 자오행(字五行) 및 작명법에있는 획수별 성씨 일람표 **에서 성씨(姓氏)을 찾은 다음, 길(吉)한 조합을 참조하여 수리(數理)를 맞추기 시작한다.** 만약 여자의 경우 여자에게 길(吉)한 조합만으로 작명이 어렵다면, 조합 전체를 사용해도 무방하다.

셋째 성씨(姓氏)에 맞게 길한 수리를 적용하여 사격(四格), 맞춘다. 그리고 자원오행(字源五行), 음오행(音五行)을 맞추어가며 작명을 한다. 이름을 완성하였다면 앞서 기초이론에서 설명했듯이 그 뜻이 아무리 훌륭해도 놀림감이 되어서는 안되며, 부르기 쉬워야 한다.

넷째 이름을 지을 때 주의 할 점

    1. 위 사람의 과 같은 이름을 쓰면 안 된다.

    2. 유명한(위인) 사람과 같은 이름은 삼가 한다

    3. 부정적인 뜻을 가진 글자는 삼가 한다.

    4. 오물이나 질병과 관련된 글자는 삼가 한다

    5. 가구나 물건이름은 삼가 한다.

    6. 불량하거나 악인과 관련된 글자는 삼가 한다.

    7. 아이도 어른이 된다. 너무 가벼운 이름은 삼가 한다.

위에서 살펴본 일곱 가지 규칙을 다시 세 가지로 요약하면 다음과 같다.

첫째 동명(同名)을 방지해야 한다.

둘째 악명(惡名)과 비천한 이름을 쓰지 말아야 한다

셋째 가벼운 이름은 삼가 한다.

다섯째 성별에 맞지 않는 이름은 삼가하는 것이 좋다.

이름을 지을 때 반드시 삼가 할 규칙들을 앞에서 언급하였다. 그렇다면 이 규칙들만 지키면 과연 좋은 이름을 지을 수 있을까? 그렇지 않다. 왜냐하면 이름짓기에는 그 이름의 적당함과 부적당함의 또 다른 문제가 있기 때문이다. 적당하지 않은 이름을 피하려면 다음의 몇 가지를 주의하면 된다.

남자는 남자다운 이름을, 여자는 여자다운 이름을 써야 자연스럽다. 건장하고 우람한 청년이 이순애(李順愛)라는 이름을 가졌다면 얼마나 우스꽝스럽겠는가?

또 날씬하고 얌전한 여자에게 강공웅(康公熊)이라 불린다면 사람들은 두 눈이 휘둥그래질 것이다. 이처럼 남자가 여자 이름을, 여자가 남자이름을 가지고 있다면 오해가 생길 소지가 크고, 불쾌한 인상까지도 남길 수 있다. 남자일 경우 강하고 굳센 기백을 나타내는 글자로 이름을 짓는 것이 바람직하다.

가. 화(火)오행이 부족한 사주팔자의 작명

손(孫)씨 여자

시		일		월		년		
壬	水	癸	水	甲	木	癸	水	천간
戌	土	酉	金	寅	木	亥	水	지지

본사주는 水 4개, 木 2개, 金 1개, 土 1개 ☞ 사주팔자 안에 火가 없다

겨울에 태어나, 사주전체가 차가워 따뜻하게 해주는 것이 좋다. 화(火)는 육신(六神)상으로 재(財)가 되므로, 화(火)가 부수 들어가는 한자 또는 자(字)오행 중 화(火)에 해당하는 한자를 염두하고 작명을시작한다.

성 명(姓 名)	손孫	예睿	진跡
자오행(字五行)	水	木	火
음오행(音五行)	金	土	金
수 리(數 理)	10획	14획	11획

◑ 사격(四格) 원형이정(元亨利貞) 감별

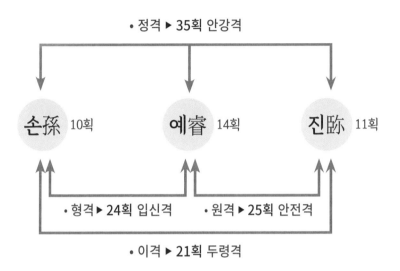

• 정격 ▶ 35획 안강격

손孫 10획   예睿 14획   진�░ 11획

• 형격 ▶ 24획 입신격   • 원격 ▶ 25획 안전격

• 이격 ▶ 21획 두령격

원격(元格) : 25획 안전격(安全格) = 睿(14획) + 㐱(11획) ▶ 초년운

형격(亨格) : 24획 입신격(立身格) = 孫(10획) + 睿(14획) ▶ 청장년운

이격(利格) : 21획 두령격(頭領格) = 孫(10획) + 㐱(11획) ▶ 중년운

정격(貞格) : 35획 안강격(安康格) = 孫(10획) + 睿(14획) + 㐱 (11획) ▶ 말년운

나. 수(水)오행이 부족한 사주팔자의 작명

장(章) 씨 남자

시		일		월		년		
乙	木	丙	火	甲	木	戊	土	天干
未	土	寅	木	申	金	午	火	地支

　본 사주는 木 3개, 金 1개, 土 2개 火2개 ☞ 사주팔자 안에 水가 없다. 수(水)는 육신(六神)상으로 관(官)이 되므로 남자의 경우 관직이다, 수(水)가 부수 들어가는 한자 또는 자(字)오행 중 수(水)에 해당하는 한자를 염두하고 작명을 한다.

성　명(姓　名)	장章	하蝦	성成
자오행(字五行)	金	水	金
음오행(音五行)	金	土	金
수　리(數　理)	11획	14획	7획

◑ 사격(四格) 원형이정(元亨利貞) 감별

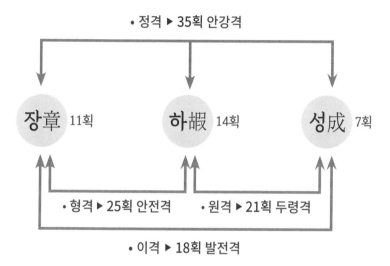

원격(元格): 21획 두령격(頭領格) = 毈(14획) + 成(7획) ▶ 초년운

형격(亨格): 25획 안전격(安全格) = 章(11획) + 毈(14획) ▶ 청장년운

이격(利格): 18획 발전격(發展格) = 章(11획) + 成 (7획) ▶ 중년운

정격(貞格): 32획 요행격(僥倖格) = 將(11획) + 毈 (14획) + 成 (17획) ▶ 말년운

다. 목(木)오행이 부족한 사주팔자의 작명

권(權) 씨 남자

시		일		월		년		
丁	火	癸	水	丁	火	庚	金	天干
巳	火	丑	土	亥	水	子	水	地支

　본 사주는 火3개 水3개, 土1개, 金1개 ☞ 사주팔자 안에 木이 없다. 목(木)는 육신(六神)상으로 식상(食.傷)이 되므로 남자의 경우 직장,일 이다. 목(木) 부수 들어가는 한자 또는 자(字)오행 중 목(木)에 해당하는 한자를 염두하고 작명을 한다.

성 명(姓 名)	권權	도桃	준寯
자오행(字五行)	木	木	火
음오행(音五行)	木	火	金
수 리(數 理)	22	10	13

◑ 사격(四格) 원형이정(元亨利貞) 감별

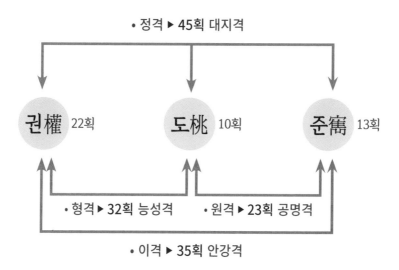

- 정격 ▶ 45획 대지격

권權 22획   도桃 10획   준寯 13획

- 형격 ▶ 32획 능성격   · 원격 ▶ 23획 공명격

- 이격 ▶ 35획 안강격

원격(元格) : 23획 공명격(功名格) = 桃(10획) + 寯(13획) ▶ 초년운

형격(亨格) : 32획 능성격(能成格) = 權(22획) + 桃(10획) ▶ 청장년운

이격(利格) : 35획 안강격(安康格) = 權(22획) + 寯(13획) ▶ 중년운

정격(貞格) : 45획 대지격(大志格) = 權(22획) + 桃(10획) + 寯(13획) ▶ 말년운

라. 금(金)오행이 부족한 사주팔자의 작명

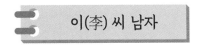
이(李) 씨 남자

시		일		월		년		
乙	木	壬	水	癸	水	丙	火	天干
巳	火	午	火	巳	火	辰	土	地支

본 사주는 木 1개, 火 4개, 土 1개 水 2개 ☞ 사주팔자 火이 많고, 金이없다. 즉 火기를 누르기위해 水가 필요하고, 없는 金을 보충해야한다. 金이 부수 들어가는 한자 또는 자(字)오행 중 금(金)에 해당하는 한자를 염두하고 작명을 한다.

성 명(姓 名)	李이	준浚	명銘
자오행(字五行)	木	水	金
음오행(音五行)	土	金	水
수 리(數 理)	7획	11획	14획

◑ 사격(四格) 원형이정(元亨利貞) 감별

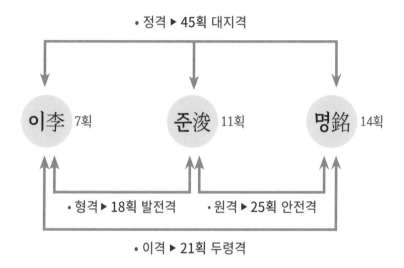

• 정격 ▶ 45획 대지격

이李 7획　　　준浚 11획　　　명銘 14획

• 형격 ▶ 18획 발전격　　• 원격 ▶ 25획 안전격

• 이격 ▶ 21획 두령격

원격(元格)：25획 안전격(安全格)= 浚(11획) + 銘(14획) ▶ 초년운

형격(亨格)：18획 발전격(發展格) = 李 (7획) + 浚(11획) ▶ 청장년운

이격(利格)：21획 두령격(頭領格) = 李 (7획) + 銘(14획) ▶ 중년운

정격(貞格)：32획 능성격(能成格) = 李 (7획) + 浚(11획) + 銘(14획) ▶ 말년운

마. 토(土)오행이 과부족한 사주팔자의 작명

	시		일		월		년		
庚	金	癸	水	壬	水	丁	火	天干
申	金	卯	木	子	水	卯	木	地支

본 사주는 火1개 水3개, 金2개, 木2개 ☞ 사주팔자 안에 土가 없다. 토(土)는 육친(六親)상으로 관(官)이 되므로 여자의 경우 배우자 다, 토(土)부수 들어가는 한자 또는 자(字)오행 중 토(土)에 해당하는 한자를 염두하고 작명을 한다.

성 명(姓 名)	강姜	민旻	주姝
자오행(字五行)	土	火	土
음오행(音五行)	木	水	金
수 리(數 理)	9	8	8

◑ 사격(四格) 원형이정(元亨利貞) 감별

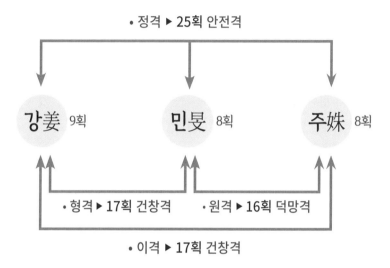

원격(元格) : 16획 덕망격(德望格) = 旻(8획) + 姝(8획) ▶ 초년운

형격(亨格) : 17획 건창격(建暢格) = 姜(9획) + 旻(8획) ▶ 청장년운

이격(利格) : 17획 건창격(建暢格) = 姜(9획 + 姝(8획) ▶ 중년운

정격(貞格) : 25획 안전격(安全格) = 姜(9획) + 旻(8획) + 姝(8획) ▶ 말년운

바. 돌림자, 항렬자(行列字)를 넣고 이름 짓기

지난날 우리 조상들은 족보(族譜)에 따라 항렬자(돌림자)를 넣어 이름을 짓곤 하였는데, 이것은 지금도 계속 쓰이고 있다. 이렇게 지은 이름을 족보명(族譜名)이라고 한다. 대부분의 한국인들은 자기 성씨에 대한 족보를 간직하고 있다.

족보란 무엇인가? 성씨의 시조(始祖)로부터 오늘날까지의 계보(系譜)를 기록한 것이 곧 족보이다. 족보에는 자신의 조상이 누구이며, 어떤 과정을 거쳐 현재의 자신이 태어났는지 자세히 밝혀져 있다. 한 가족에 아이가 태어나면 이름을 지어주고 족보에 기록한다. 족보에는 일정한 규칙이 있다. 여기에서 가장 중요한 것은 대수(代數) 관계를 표시하는 항렬자, 즉 돌림자를 사용한다는 점이다. 항렬자는 어떻게 정해질까?

우리나라의 항렬자(行列字)경우는 오행(五行)의 원리와 10천간(天干), 12지지(地支), 숫자의 순서를 따져 항렬자를 사용하는 예를 볼 수 있다.

오행(五行)의 경우 목 화 토 금 수(木 火 土 金 水)를 상생(相生)관계를 따져 순서대로 사용하는 경우가 많으며, 할아버지가 목(木)오행을 부수로 송(松)을 항렬자로 사용했다면 아버지는 오행(五行)의 상생(相生)관계인 화(火)오행을 부수로 사용하는 병(炳)자 등을 사용하면 된다.

그외 오행(五行)과 10천간(천간)을 병립해서 사용하는 경우와 오행(五行)에서 10천간(天干)으로 변하는 예도 있다. 아래의 예는 전주 이씨(李氏) 족보 중 제20~30대(代)의 일부분이다. 이 예 에서 병(炳, 21대), 성(成, 22대), 경(慶, 23대 남자), 매(梅, 23대 여자) 등의 항렬자로 사용하였다.

동일한 항렬자를 가진 사람은 그 가족 내에서 같은 대(代)에 속함을 나타낸다. ❶에서의 항렬자는 '의(毅)'이고 ❷에서의 항렬자는 '송(松)'자이다.

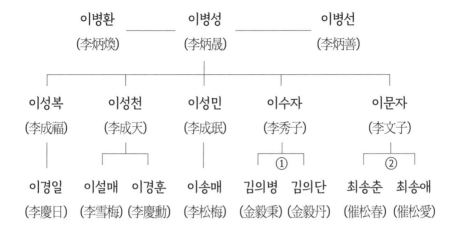

항렬자(行列字)로 10천간(天干)을 사용하는 경우 갑을병정무기경신임계(甲乙丙丁戊己庚辛壬癸)의

자(字)나, 부수로 순서에 맞게 사용하고, 12지지(地支)로 항렬자(行列字)를 사용하는 경우에도 자축인묘진사오미신유술해(子丑寅卯辰巳午未申酉戌亥)를 자(字)나 부수를 순서에 맞게 사용하면 된다. 숫자를 항렬자(行列字)로 사용하는 경우 일(一) 이(二), 삼(三) 등을 순서대로 사용하면 된다. 대표적인 사례로 안동 권씨에서 볼 수 있다. 항렬자(行列字) 쓰는 위치는 보통 이름 가운데 글자와 끝 글자에 사용하는데 아버지 대(代)에 가운데에 항렬자(行列字)를 사용했다면, 아들 대(代)에는 끝자리에 사용하게 되며, 이렇게 번 갈아가며 전해지는 것이 보통의 경우다.

안동권씨 경우 31대(代)에서 41대(代)까지는 이름의 가운데 글자에 항렬자를 사용했고, 41대(代)에서 51대(代)까지는 이름 끝 자에 사용하여, 다양한 형태를 보여주고 있다.

우리나라 대표가문의 항렬자(行列字)의 예

▣ 숫자를 항렬자(行列字)로 적용한 예
안동 권씨

31대	32대	33대	34대	35대	36대	37대	38대	39대	40대	41대	42대	43대	44대
병丙	중重	태泰	영寧	오五	혁赫	순純	용容	구九	승升	일一	원元	전全	택澤

▣ 10천간(天干)을 항렬자(行列字)로 적용한 예
한양 조씨

25대	26대	27대	28대	29대	30대	31대	32대	33대	34대	35대	36대
행行	성成	희熙	경慶	신新	정廷	규揆	학學	서書	연演	경卿	진震

▣ 오행(五行)을 항렬자(行列字)로 적용한 예
경주 김씨 <계림군 중파>

30대	31대	32대	33대	34대	35대	36대	37대	38대	39대	40대
표杓	병炳	배培	석錫	한漢	계桂	섭燮	길吉	옥鈺	윤潤	근根

광산 김씨

39대	40대	41대	42대	43대	44대	45대	46대	47대	48대	49대
용容	중中	선善	순淳	동東	환換	규奎	용鏞	연淵	식植	형炯

문화 유씨

35대		36대		37대		38대		39대		40대	
제濟	호浩	환桓	간幹	영榮	황煌	곤坤	헌憲	종鍾	용鏞	영泳	승承

진주 유씨

31대		32대		33대		34대		35대		36대	
기基	균均	종鍾	진鎭	순淳	백伯	동東	계桂	희熙	서燮	재在	교敎

남평 문씨

35대			36대			37대			38대		
희熙	병炳	형炯	주周	기基	균均	종鍾	용鎔	동鍊	영泳	수洙	흡洽

파평 윤씨

31대	32대	33대	34대	35대	36대	37대	38대	39대	40대
태泰	식植	병炳	기基	종鍾	영永	동東	먹默	용用	섯錫

창녕 조씨

43대	44대	45대	46대	47대	48대	49대	50대	51대	52대	53대	54대
규圭	현鉉	영永	근根	용容	재載	일鎰	태泰	동東	섭燮	균均	용鎔

▣ 오행(五行)에서 10천간(天干)으로 변한 항렬자(行列字) 적용한 예

청주 한씨 <문정공파>

36대		37대		38대		40대	41대	42대	43대
성成	근根	희熙	덕德	경庚	수壽	재宰	정廷	규揆	종鍾

사. 12띠와 이름 짓기

태어난 해의 띠에 따라 이름 짓기

옛날 조상들은 천간지지(天干地支)를 사용해서 역사의 시간을 기록하였다. 그러나 민간에서는 열두 동물를 사용해서 년(年)을 표시 하였다. 예컨데 쥐띠 해, 범띠 해, 원숭이 해 등으로 불렸다. 왜냐하면 글도 모르고 복잡한 천간지지(天干地支)에 비해 열두동물로 표현하기가 더 간편했기 때문이다. 띠는 12가지 동물 쥐(子), 소(丑), 범(寅), 토끼(卯), 용(辰), 뱀(巳), 말(午), 양(未), 원숭이(申), 닭(酉), 개(戌), 돼지(亥)로 이루어져 있고, 이를 12지지(地支)로 자(子) 축(丑) 인(寅) 묘(卯) 진(辰) 사(巳) 오(午) 미(未) 신(申) 유(酉) 술(戌) 해(亥)로 년(年)을 표시하였다.

그리고 지지 속의 동물의 상호관계를 설정하여, 조화를 이루는(육합六合, 삼합-三合), 상호 충돌이 잦고 화합을 이루지 못하는(육충六沖), 서로를 해치는 육해(六害) 관계가 있다고 믿었다.

그래서 불화(상충相衝)나 해침(상해相害)의 관계는 흉(凶)하고, 조화(상합相合)의 관계는 길(吉)하다 하여 이름을 지을 때 합,충,해(合,沖,害)를 조심스럽게 가려 하거나 하기를 꺼려하였다.

지지(地支)의 합(合)

자(子쥐)와 축(丑소)이 조화되어 토(土)를 이룬다.
인(寅범)과 해(亥돼지)가 조화되어 목(木)을 이룬다.
묘(卯토끼)와 술(戌개)이 조화되어 화(火)를 이룬다.
진(辰용)과 유(酉닭)가 조화되어 금(金)을 이룬다.
사(巳뱀)와 신(申원숭이)이 조화되어 수(水)를 이룬다.
오(午말)와 미(未양)가 조화되어 화(火)를 이룬다.

지지(地支)의 삼합(三合)

신(申원숭이)과 자(子쥐), 진(辰용)이 조화되어 수(水)를 이루고,

해(亥돼지)와 묘(卯토끼), 미(未양)가 조화되어 목(木)을 이루며,

인(寅, 범)과 오(午말), 술(戌개)이 조화되어 화(火)를 이루고,

사(巳뱀)와 유(酉닭), 축(丑소)이 조화되어 금(金)을 이루고

※진(辰용)과 술(戌개), 축(丑소), 미(未양)가 조화되어 토(土)를 이룬다.

지지(地支)의 육충(六沖)

자(子쥐)와 오(午말)는 서로 불화이다.

축(丑소)과 미(未양)는 서로 불화이다.

인(寅범)과 신(申원숭이)은 서로 불화이다.

묘(卯토끼)와 유(酉닭)는 서로 불화이다.

진(辰용)과 술(戌개)은 서로 불화이다.

사(巳뱀)와 해(亥돼지)는 서로 불화이다.

지지(地支)의 육해(六害)

자(子쥐)와 미(未양)는 서로 해친다.

축(丑소)과 오(午말)는 서로 해친다.

인(寅범)과 사(巳뱀)는 서로 해친다.

묘(卯토끼)와 진(辰용)은 서로 해친다.

신(申원숭이)과 해(亥돼지)는 서로 해친다.

유(酉닭)와 술(戌개)은 서로 해친다.

쥐띠 년(年)출생한 사람

지지의 자(子), 오(午), 마(馬)가 포함된 글자를 선택하는 것은 불길하다하여, 함께 하용하지 않았다 자(子)와 오(午)는 **육충(六沖)** 해당되기 때문이다. 또 미(未)와 양(羊)이 포함된 글자를 선택하는 것도 적합하지 않다. 자(子)와 미(未)는 서로 해치기(相害) 때문이다.

소띠 년(年)출생한 사람

지지의 축(丑), 미(未), 양(羊)이 포함된 글자를 선택하는 것은 불길하다 불길하다하여, 함께 하용하지 않았다. 축(丑)과 미(未)는 **육충(六沖)** 해당되기 때문이다. 또 오(午)와 마(馬)가 포함된 글자를 선택하는 것도 적합하지 않다. 축(丑)과 오(午)는 서로 해치기 때문이다.

범띠 년(年)출생한 태어난 사람

지지의 인(寅), 신(申), 사(巳), 후(⊠)자가 포함된 글자를 선택하는 것은 불길하다 불길하다하여, 함께 하용하지 않았다. 인(寅)과 신(申)은 **육충(六沖)** 해당되기 때문이다. 또 사 (巳)나 사(蛇)가 포함된 글자를 선택하는 것도 적합하지 않다. 인(寅)과 사(巳)는 서로 해치기(相害) 때문이다.

토끼 년(年)출생한 사람

지지의 묘(卯), 유(酉), 계(鷄)가 포함된 글자를 선택하는 것은 불길하다하여, 함께 하용하지 않았다. 묘(卯)와 유(酉)는 **육충(六沖)** 해당되기 때문이다. 또 진(辰)과 용(龍)이 포함된 글자를 선택하는 것도 적합하지 않다. 묘(卯)와 진(辰)은 서로 해치기 때문이다.

용띠 년(年)출생한 사람

지지의 진(辰), 술(戌), 구(狗)가 포함된 글자를 선택하는 것은 불길하다하여, 함께 하용하지 않았다. 진(辰)과 술(戌)은 불화이기 **육충(六沖)** 해당되기 때문이다. 또 묘(卯)와 토(兔)가 포함된 글자를 쓰는 것도 적합하지 않다. 묘(卯)와 진(辰)은 서로 해치기 때문이다.

뱀띠 년(年)출생한 사람

지지의 사(巳), 해(亥), 저(猪)가 포함된 글자를 선택하는 것은 불길하다하여, 함께 하용하지 않았다. 사(巳)와 해(亥)는 **육충(六沖)** 해당되기 때문이다. 또 인(寅) 과 호(虎)가 포함된 글자를 선택하는 것도 적합하지 않다. 사(巳)와 인(寅)은 서로 해치기 때문이다.

말띠 년(年)출생한 사람

지지의 오(午), 자(子), 서(鼠)가 포함한 글자를 선택하는 것은 불길하다하여, 함께 하용하지 않았다. 오(午)와 자(子)는 **육충(六沖)** 해당되기 때문이다. 또 축(丑)과 우(牛)가 포함된 글자를 선택하는 것도 적합하지 않다. 오(午)와 축(丑)은 서로 해치기 때문이다.

양띠 년(年)출생한 사람

지지의 미(未), 축(丑), 우(牛)가 포함된 글자를 선택하는 것은 불길하다. 축(丑)과 미(未)는 **육충(六沖)** 해당되기 때문이다. 또 자(子)와 서(鼠)가 포함한 글자를 선택하는 것도 적합하지 않다. 자(子)와 미(未)는 서로 해치기 때문이다.

원숭이띠 년(年)출생한 사람

지지의 신(申), 인(寅), 호(虎)가 포함된 글자를 선택하는 것은 불길하다하여, 함께 하용하지 않았다. 함께 하용하지 않았다 인(寅)과 신(申)은 **육충(六沖)** 해당되기 때문이다. 또 해(亥)와 저(猪)가 포함한 글자를 선택하는 것도 적합하지 않다. 신(申)과 해(亥)는 서로 해치기 때문이다.

닭띠 년(年)출생한 사람

지지의 유(酉), 묘(卯), 토(兎)가 포함된 글자를 선택하는 것은 불길하다하여, 함께 하용하지 않았다. 유(酉)와 묘(卯)는 **육충(六沖)** 해당되기 때문이다. 또 술(戌)과 구(狗)가 포함한 글자를 선택하는 것도 적합하지 않다. 유(酉)와 술(戌)은 서로 해치기 때문이다.

개띠 년(年)출생한 사람

지지의 술(戌), 진(辰), 용(龍)이 포함된 글자를 선택하는 것은 불길하다. 술(戌)과 진(辰)은 불화이기 때문이다. 또 유(酉)와 계(鷄)가 포함한 글자를 선택하는 것도 적합하지 않다. 술(戌)과 유(酉)는 서로 해치기 때문이다.

돼지띠 년(年)출생한 사람

지지의 해(亥), 사(巳), 사(蛇)가 포함된 글자를 선택하는 것은 불길하다하여, 함께 하용하지 않았다. 사(巳)와 해(亥)는 **육충(六冲)** 해당되기 때문이다. 또 신(申)과 후(猴)가 포함한 글자를 선택하는 것도 적합하지 않다. 신(申)과 해(亥)는 서로 해치기 때문이다.

조상님들은 년(年)을 12가지 동물로 기록했을 뿐만 아니라, 사람의 성씨(姓氏)도 동물과 연계하였다. 우리가 알고 있는 성씨(姓氏) 중에서 동물의 명칭을 직접 찾아볼 수가 있는데, 마(馬), 상(象), 우(牛), 양(羊), 어(魚), 돈(豚), 용(龍), 연(燕), 봉(鳳), 안(雁), 낙(駱), 포(鮑), 웅(熊) 등이 이에 해당한다. 그리고 이들 성씨(姓氏)는 12개의 띠와 직접 혹은 간접으로 관련성이 있음을 알 수 있다.

첫째 직접적으로 띠에 해당하는 성씨(姓氏)

마(馬), 우(牛), 양(羊), 용(龍.)

둘째 간접적으로 동물을 나타내는 한자를 포함시켜 하나의 띠에 속하는 성씨(姓氏)

풍(馮), 낙(駱) - 말(馬)띠,

모(牟) - 소(牛)띠

방(龐) - 용(龍)띠가 해당된다.

셋째 12지지(地支)의 자(字)가 성씨 내에 포함되어 하나의 띠에 속하는 성씨

손(孫), 공(孔), 이(李), 계(季), 맹(孟), 곽(郭) - 모두 자(子)가 되어 쥐(鼠)띠

뉴(紐) - 축(丑)자가 포함되어 소(牛)띠

류(柳), 유(劉) - 유(卯)가 포함되어 토끼(兎)띠

범(範), 포(鮑), 포(包) - 사(巳)가 포함되어 뱀(蛇)띠

허(許) - 오(午)자가 포함되어 말(馬)띠

신(申) - 신(申)자가 포함되어 원숭이(猴)띠

정(鄭) - 유(酉)자가 포함되어 닭(鷄)띠

12지지(地支), 띠, 성씨(姓氏) 사이의 상호관계를 한번 정리해보면 다음과 같다

자(子) - 쥐(鼠) - 손(孫), 이(李), 계(季), 공(孔), 맹(孟), 곽(郭)

축(丑) - 소(牛) - 우(牛), 모(牟), 뉴(紐)

인(寅) - 범(虎)

묘(卯) - 토끼(兎) - 류(柳), 유(劉)

진(辰) - 용(龍) - 용(龍), 방(龐)

사(巳) - 뱀(蛇) - 범(範), 포(鮑), 포(包), 호(扈)

오(午) - 말(馬) - 마(馬), 풍(馮), 낙(駱), 허(許)

미(未) - 양(羊) - 양(羊)

유(酉) - 닭(鷄) - 정(鄭)

술(戌) - 개(狗)

해(亥) - 돼지(猪)

띠의 자(字)나 지지(地支)의 자(字)가 성씨 내에 포함된 사람도 이름을 지을 때는 여섯 가지 불화(육충六沖)와 여섯가지 해침(육해六害) 관계를 피하는 것이 좋다고 조상님들은 생각했다.

[손(孫), 공(孔), 이(李), 계(季), 맹(孟), 곽(郭), 유(遊)]등의 성씨는 지지상 자(子)에 해당하므로 오(午)와 마(馬)가 포함된 글자로 이름을 짓는 것은 적당치 않다. 왜냐하면 자(子)와 오(午)는 불화이기 때문이다. (자오충子午沖) 미(未)와 양(羊)이 포함된 자도 또한 적합하지 않다. 자(子)와 미(未)는 서로 해치기 때문이다. (자미해子未害) 그러므로 이오(李午)와 곽치(郭馳), 손매(孫昧)와 같은 이름은 피해야 한다.

[우(牛), 모(牟), 뉴(紐)]등의 성씨는 지지상 축(丑)에 속하므로, 미(未)가 포함된 글자[매(昧), 매(妹)]와 양(羊)이 포함된 글자[양(洋), 양(樣)]등으로 이름 짓는 것은 적당치 않다. 왜냐하면 축(丑)과 미(未)는 불화이기 때문이다. (축미충丑未沖) 또 오(午)자가 포함된 글자[허(許), 호(滸)]등 마(馬)가 포함된 글자[마(馬), 치(馳), 타(駝)]등으로 이름 짓는 것도 적당치 않다. 축(丑)과 오(午)는 서로 해치기 때문이다. (축오해丑午害)

[유(柳), 유(劉)]등의 성씨는 지지상 묘(卯)에 해당되므로, 유(酉)와 계(鷄)가 포함된 글자[주(酒), 성(醒), 취(醉), 계(鷄)]등으로 이름 짓는 것은 적당하지 않다. 왜냐하면 묘(卯)와 유(酉)는 불화이기 때문이다. (묘유충卯酉沖) 또 진(辰)과 용(龍)이 포함된 글자[농(農), 진(振), 진(震), 용(龍)]도 적당하지 않다. 묘(卯)와 진(辰)은 서로 해치기 때문이다.(묘진해卯辰害)

[용(龍)과 방(龐), 공(龔)]등의 성씨는 지지상 진(辰)에 속하므로 술(戌), 구(狗)자가 포함된 자로 이름을 짓는 것은 적당치 않다. 왜냐하면 진(辰)과 술(戌)이 불화이기 때문이다. (진술충辰戌沖)
또한 구(狗), 토(兎)역시 진(辰)과 같이 사용하는 것은 적합하지 않다.

[범(範), 포(鮑), 포(包)]등의 성씨는 지지상 사(巳)에 해당하므로, 해(亥)자가 포함된 글자[핵(核), 해(該)]등으로 이름 짓는 것은 적당치 않다. 왜냐하면 사(巳)와 해(亥)는 불화이기 때문이다.

(사해충巳亥沖) 또 인(寅)자가 포함된 글자[연(演), 인(寅)]등 또한 적합하지 않다. 인(寅)과 사(巳)는 서로 해치기 때문이다.(인사해寅巳害)

[마(馬), 풍(馮), 허(許)]등의 성씨는 지지상 오(午)에 해당하므로, 자(子)자가 포함된 자[자(子), 존(存), 효(孝), 부(孚), 학(學)]등으로 이름 짓는 것은 적당치 않다. 자(子)와 오(午)는 불화이기 때문이다. (자오충子午沖) 또 축(丑)과 우(牛)자가 포함된 글자[모(牡), 목(牧), 특(特)]등도 적합하지 않다. 축(丑)과 오(午)는 서로해치기 때문이다.(축오해丑午害)

양(羊)씨는 지지상 미(未)에 해당한다. 그러므로 축(丑)자가 포함된 글자 뉴(紐)와 우(牛)자가 포함된 자로 이름 짓는 것은 적당치 않다. 축(丑)과 미(未)는 불화이기 때문이다. (축미충丑未沖)

또 자(子)가 포함된 글자[호(好), 학(學), 손(蓀)] 등도 적합하지 않다. 자(子)와 미(未)는 서로 해치기 때문이다. (자미해子未害)

신(申)씨는 지지상 신(申)에 속하므로 인(寅)과 호(虎)가 포함된 글자[인(寅), 표(彪)] 등이 포함된 글자로 이름 짓는 것은 적당치 않다. 인(寅)과 신(申)은 불화이기 때문이다.(인신충寅申沖) 또 해(亥)가 포함된 글자[핵(核), 해(該), 해(孩)]등도 적합하지 않다. 신(申)과 해(亥)는 서로 해치기 때문이다.(신해해申亥害)

정(鄭)씨는 지지상 유(酉)에 해당하므로 묘(卯)와 토(兎)가 포함된 자로 이름 짓는 것은 적당치 않다. 묘(卯)와 유(酉)는 불화이기 때문이다. (묘유충卯酉沖) 또 술(戌)과 구(狗)자가 포함된 자도 적합하지 않다. 유(酉)와 술(戌)은 서로 해치기 때문이다. (유술해酉戌害)

부록

자·음오행 선 명자

字·音五行 選名字 획수기준

대법원선정 인명용한자 중 이름으로 길(吉)한 한자만
선별하여 자,음오행으로 구분하였다.

1획 一劃

자字	뜻 음	자字오행	음音오행
一	한 일	木	土
乙	새 을	木	土

2획 二劃

자字	뜻 음	자字오행	음音오행
二	둘 이	木	土
乃	이어 내	金	火
刀	칼 도	金	火
了	밝을 료	金	火
人	사람 인	火	土
入	들 입	木	土
力	힘 력	土	火
卜	점 복	火	水
又	또 우	木	土
丁	남방 정	火	金
乂	어질 예	金	土

3획 三劃

자字	뜻 음	자字오행	음音오행
三	석 삼	火	金
上	위 상	木	金
万	일만 만	木	水
丸	탄자 환	土	土
也	이끼 야	木	土
于	어조사 우	水	土
凡	무릇 범	水	水
千	일천 천	水	金
川	내 천	水	金
大	큰 대	木	火
丈	길 장	木	金
士	선비 사	木	金
土	흙 토	土	火
子	아들 자	水	金
寸	마디 촌	土	金
山	뫼 산	土	金
工	장인 공	火	木
己	몸 기	土	木
小	작을 소	水	金
女	계집 녀	土	火
弓	활 궁	火	木
久	오랠 구	水	木
干	방패 간	木	木

4획 四劃

자字	뜻 음	자字오행	음音오행
四	넉 사	火	金
丑	소 축	土	金
中	가운데 중	土	金
丹	붉은 단	火	火
之	갈 지	土	金
云	이를 운	水	土
井	우물 정	水	金
今	이제 금	火	木
介	낱 개	火	木
分	나눌 분	金	水
公	귀 공	火	木
仁	어질 인	火	土
化	될 화	火	土
元	으뜸 원	木	土
王	임금 왕	金	土
午	낮 오	火	土
升	되 승	木	金
友	벗 우	水	土
太	클 태	木	火

				5획 五劃			
孔	구멍 공	水	木				
引	끌 인	火	土	자字	뜻 음	자字오행	음음오행
心	마음 심	火	金	五	다섯 오	土	土
支	간지 지	土	金	丘	언덕 구	土	木
文	글 문	木	水	且	또 차	木	金
斗	말 두	火	火	世	인간 세	火	金
方	모 방	土	水	丙	남녘 병	火	水
斤	근 근	金	木	主	임금 주	木	金
日	날 일	火	土	仕	벼슬 사	火	金
比	견줄 비	火	水	仙	신선 선	火	金
毛	털 모	火	水	代	대 대	火	火
爻	점괘 효	火	土	令	하여금 령	火	火
尹	다스릴 윤	水	土	出	날 출	土	金
允	진실 윤	土	土	可	오를 가	水	木
天	하늘 천	火	金	加	더할 가	水	木
夫	지아비 부	木	水	占	점 점	火	金
少	젊을 소	水	金	卯	토끼 묘	木	水
壬	북방 임	水	土	右	오른쪽 우	水	土
月	달 월	水	土	左	왼 좌	火	金
木	나무 목	木	水	司	맡을 사	水	金
水	물 수	水	金	史	사기 사	水	金
片	조각 편	木	水	台	별 태	水	木
止	그칠 지	土	金	外	바깥 외	火	土
以	써 이	火	土	央	중앙 앙	土	土
手	손 수	木	金	功	공 공	木	木
氏	성 씨	火	金	巨	클 거	火	木
牛	소 우	土	土	去	갈 거	水	木
內	안 내	木	火	市	저자 시	木	金
勿	말 물	金	水	弘	클 홍	火	土
尤	더욱 우	土	土	戊	별 무	土	水
夬	쾌할 쾌	木	木	末	끝 말	木	水
兮	어조사 혜	金	土	未	아닐 미	木	水
予	나 여	金	土	本	근본 본	木	水

자字	뜻 음	자字오행	음音오행	6획 六劃			
正	바를 정	土	金	자字	뜻 음	자字오행	음音오행
民	백성 민	火	水	六	여섯 육	土	土
玄	검을 현	火	土	交	사귈 교	火	木
永	길 영	水	土	休	쉴 휴	火	土
玉	구슬 옥	金	土	任	맡길 임	火	土
甘	달 감	土	木	伊	저 이	火	土
生	날 생	木	金	伍	다섯 오	火	土
用	쓸 용	水	土	企	바랄 기	火	木
田	밭 전	土	金	全	온전 전	土	金
甲	갑옷 갑	木	木	光	빛 광	火	木
白	흰 백	金	水	匡	바룰 광	土	木
石	돌 석	金	金	先	먼저 선	火	金
禾	벼 화	木	土	共	함께 공	金	木
召	부를 소	水	金	在	있을 재	土	金
由	말미암을 유	木	土	再	두 재	木	金
申	납 신	金	金	列	벌 열	金	土
立	설 립	金	火	米	쌀 미	木	水
示	보일 시	木	金	合	합할 합	水	土
皮	가죽 피	金	水	吉	좋을 길	水	木
句	글귀 구	水	木	仲	버금 중	火	金
仟	일천 천	火	金	向	향할 향	水	土
付	붙일 부	火	水	价	착할 개	火	木
旦	아침 단	火	火	收	거둘 수	金	金
乎	어조사 호	金	土	同	한가지 동	水	火
古	옛 고	水	木	回	돌아올 회	水	土
半	반 반	土	水	名	이름 명	水	水
北	북녘 북	水	水	好	좋을 호	土	土
只	다만 지	水	金	有	있을 유	水	土
丕	클 비	水	水	如	같을 여	土	土
				宇	집 우	木	土
				羽	깃 우	火	土
				多	많을 다	水	火

자字	뜻 음	자字오행	음음오행	자字	뜻 음	자字오행	음음오행
安	편할 안	木	土	早	일찍 조	火	金
存	있을 존	木	金	后	황후 후	水	土
宅	집 택	木	火	因	인할 인	水	土
自	스스로 자	木	金	印	도장 인	木	土
年	해 년	木	火	伎	재주 기	火	木
式	법 식	金	金				

자字	뜻 음	자字오행	음음오행	자字	뜻 음	자字오행	음음오행
州	고을 주	水	金	七	일곱 칠	金	金
朱	붉을 주	木	金	亨	형통할 형	土	土
地	땅 지	土	金	佑	도울 우	火	土
旨	맛 지	火	金	佐	도울 좌	火	金
至	이를 지	土	金	何	어찌 하	火	土
求	구할 구	水	木	位	벼슬 위	火	土
牟	클 모	土	水	作	지을 작	火	金
百	일백 백	水	水	伸	펼 신	火	金
兆	억조 조	火	金	伯	맏 백	火	水
守	지킬 수	木	金	佛	부처 불	火	水
臣	신하 신	火	金	伶	영리할 령	火	火
考	헤아릴 고	土	木	住	머물 주	火	金
次	버금 차	火	金	江	물 강	水	木
行	다닐 행	火	土	汝	너 여	水	土
西	서녘 서	金	金	汎	물 범	水	水
亥	돼지 해	水	土	池	못 지	水	金
丞	도울 승	木	金	克	이길 극	木	木
汀	물가 정	水	金	兵	군사 병	金	水
犯	물 범	水	水	判	판단 판	金	水
旬	열흘 순	火	金	兌	바꿀 태	金	火
充	가득할 충	木	金	利	이로울 리	金	火
圭	홀 규	土	木	吾	나 오	水	土
旭	빛날 욱	火	土	究	연구 구	木	木
老	늙을 노	土	火	材	재목 재	木	水
戌	개 술	土	金	呈	드릴 정	水	水
竹	대 죽	木	金				
羊	양 양	土	土				

廷	조정 정	木	金	谷	골 곡	水	木
汀	옥소리 정	金	金	辰	별 진	土	金
呂	음률 려	水	火	里	마을 리	土	火
坊	막을 방	土	水	李	오얏 리	木	火
址	터 지	土	金	酉	닭 유	金	土
坂	언덕 판	土	水	岐	뫼 기	土	木
告	고할 고	水	木	免	면할 면	木	水
君	임군 군	水	木	町	밭 정	土	金
妙	묘할 묘	土	水	序	차례 서	木	金
壯	씩씩할 장	木	金	忍	참을 인	火	土
孝	효도 효	水	土	妊	아이밸 임	土	土
完	완전 완	木	土	辛	매울 신	金	金
成	이룰 성	火	金	更	고칠 경	火	木
局	판 국	木	木	冏	빛날 경	火	木
志	뜻 지	火	金				
希	바랄 희	木	土	8획 八劃			
延	뻗을 연	土	土	자字	뜻 음	자字오행	음音오행
形	모양 형	土	土	八	여덟 팔	金	水
我	나 아	金	土	事	일 사	木	金
杏	살구나무 행	木	土	社	모일 사	木	金
村	마을 촌	木	金	使	하여금 사	火	金
杓	자루 표	木	水	享	누릴 향	土	土
見	볼 견	火	木	庚	일곱째천간 경	金	木
戒	경계 계	金	木	京	서울 경	土	木
杜	막을 두	木	火	坰	들 경	土	木
束	묶을 속	木	金	炅	빛날 경	火	木
秀	빼낼 수	木	金	佳	아름다울 가	火	木
杠	깃대 강	木	木	侍	모실 시	火	金
杞	구기자 기	木	木	佺	이름 전	火	金
均	고를 균	土	木	佶	바를 길	火	木
甫	펼 보	水	水	侑	짝 유	火	土
男	사내 남	土	火	侊	클 광	火	木
良	어질 양	土	土	旿	밝을 광	火	木

佰	일백 백	火	水	昊	하늘 호	火	土
來	올 래	火	火	易	쉬울 이	火	土
侖	둥글 륜	火	火	卷	책 권	木	木
姃	단정할 정	土	金	刻	새길 각	金	木
定	정할 정	木	金	到	이를 도	金	火
政	정사 정	火	金	制	법 제	金	金
姈	영리할 영	土	土	協	화할 협	水	土
汶	물 문	水	水	効	본받을 효	土	土
沅	물 원	水	土	受	받을 수	木	金
沇	물이름 연	木	土	和	화할 화	木	土
坤	땅 곤	土	木	周	두루 주	木	金
昆	맏 곤	火	木	姝	예쁠 주	木	水
坵	언덕 구	土	木	奉	받을 봉	木	水
坪	들 평	土	水	季	끝 계	木	木
坡	언덕 파	土	水	宜	마땅 의	木	土
兩	두 양	土	土	宗	마루 종	木	金
其	그 기	金	木	宙	집 주	木	金
奇	기이할 기	土	木	尙	오히려 상	金	金
技	기술 기	木	木	岳	뫼 악	土	土
具	가출 구	金	木	岩	바위 암	金	土
典	법 전	金	金	幸	다행할 행	木	土
玖	옥돌 구	金	木	府	마을 부	土	水
玗	옥돌 우	金	土	忠	충성 충	火	金
雨	비 우	水	土	知	알 지	金	金
旻	화할 민	火	水	枝	가지 지	木	金
旻	하늘 민	火	水	林	수풀 림	木	火
昇	해돋을 승	火	金	松	소나무 송	木	金
承	이을 승	水	金	秉	잡을 병	木	水
昔	옛 석	火	金	采	채색 채	木	金
析	분석 석	木	金	杰	호걸 걸	火	木
明	밝을 명	火	水	枓	구기 두	木	火
命	목숨 명	水	水	東	동녘 동	木	火
虎	범 호	木	土	欣	기쁠할 흔	火	土

舍	집 사	火	金	味	맛 미	水	水
門	문 문	木	水	岬	산기슭 갑	土	木
長	긴 장	木	金				
青	푸를 청	木	金	9획 九劃			
旿	낮 오	火	土	자字	뜻 음	자字오행	음音오행
卓	높을 탁	木	火	九	아홉 구	水	木
岡	뫼 강	土	木	炯	밝을 형	火	土
叔	아재비 숙	水	金	炫	밝을 현	火	土
弦	시위 현	木	土	泫	물가 현	水	土
券	문서 권	金	木	炳	밝을 병	火	水
沃	기름질 옥	水	土	昞	밝을 병	火	水
函	함 함	火	土	柄	자루 병	木	水
扶	잡을 부	木	水	星	별 성	火	金
艾	쑥 애	木	土	省	살필 성	木	金
姓	성 성	土	金	性	성품 성	火	金
奄	문득 엄	水	土	昱	빛날 욱	火	土
亞	버금 아	火	土	昭	밝을 소	火	金
奈	어찌 내	火	火	沼	못 소	水	金
武	호밤 무	金	水	昤	빛날 령	火	火
征	길 정	火	金	昰	여름 하	火	土
供	바칠 공	火	木	怡	화활 이	火	土
固	굳을 고	水	木	映	빛일 영	火	土
汽	증기 기	水	木	泳	물가 영	水	土
帛	비단 백	木	水	春	봄 촌	火	金
旺	왕성 왕	火	土	河	물 화	木	土
汪	넓을 왕	水	土	治	다스릴 치	水	金
抄	빼길 초	木	金	法	법 법	水	水
快	쾌할 쾌	火	木	泌	물가 필	水	水
呼	부를 호	水	土	泓	물가 홍	水	土
昌	창성 창	火	金	柚	유자 유	木	土
沄	흐를 운	水	土	宥	도울 유	木	土
直	곧을 직	木	金	泉	샘 천	水	金
牧	다스릴 목	土	水	垠	언덕 은	土	土

垣	담 원	土	土	度	법도 도	木	火
柁	언덕 택	土	火	建	세울 건	木	木
律	법 율	火	土	彦	선비 언	火	土
沿	물 연	水	土	思	생각 사	火	金
衍	넓을 연	水	土	拓	개척할 척	木	金
姸	고을 연	土	土	是	이 시	火	金
泰	클 태	水	火	柱	기둥 주	木	金
癸	북방 계	水	木	相	서로 상	木	金
俊	준걸 준	火	金	庠	학교 상	木	金
保	보전할 보	火	水	秋	가을 추	木	金
信	믿을 신	火	金	皇	임금 황	金	土
俓	곧을 경	火	木	美	아름다울 미	土	水
勁	굳셀 경	金	木	重	무거울 중	土	金
侯	재후 후	火	土	革	바꿀 혁	金	土
兪	맑을 유	火	土	奕	클 혁	木	土
柳	버들 류	木	火	飛	날 비	火	水
亮	밝을 량	火	火	香	향기 향	木	土
貞	곧을 정	金	金	玟	옥돌 민	金	水
亭	정자 정	火	金	玧	옥돌 윤	金	土
冠	갓 관	木	木	玩	구경 완	金	土
前	앞 전	金	金	祉	복지 지	木	金
勉	힘쓸 면	金	水	宣	베풀 선	木	金
勇	용맹 용	土	土	柔	부드러울 유	木	土
南	남녁 남	火	火	宦	벼슬 환	木	土
厚	두터울 후	土	土	畇	쟁기 균	土	木
咸	다 함	水	土	叙	펼 서	水	金
哉	이끼 재	水	金	施	배풀 시	土	金
姬	계집 희	土	土	枰	나무 평	木	水
姞	계집 길	土	木	紀	기록 기	木	木
奎	별 규	土	木	禹	임금 우	土	土
姜	성 강	土	木	柾	나무 정	木	金
室	집 실	木	金	段	계단 단	金	火
帝	임금 제	木	金	表	바깥 표	木	水

자字	뜻 음	자字오행	음음오행
致	이를 치	土	金
契	먹을 계	木	木
俚	속될 리	火	火
帥	장수 수	木	金
奈	어찌 내	木	火
奐	빛날 환	木	土
峒	항아리 동	土	火
炡	빛날 정	火	金

10획 十劃

자字	뜻 음	자字오행	음음오행
十	열 십	水	金
乘	탈 승	木	金
倉	창고 창	火	金
修	닦을 수	火	金
洙	물가 수	水	金
倍	배 배	火	水
倫	인륜 윤	火	火
俸	녹 봉	火	水
峰	봉우리 봉	土	水
俱	갖출 구	火	木
候	제후 후	火	土
倞	굳셀 경	火	木
倬	밝을 탁	火	火
俓	곧을 경	火	木
耕	갈 경	木	木
耿	빛날 경	火	木
剛	굳셀 강	金	木
原	언덕 원	土	土
哲	밝을 철	水	金
唐	당나라 당	木	火
城	재 성	土	金
娍	고울 성	土	金
娥	예쁠 아	土	土
夏	여름 하	火	土
娟	고울 연	土	土
娜	예쁠 나	土	火
財	재물 재	金	金
宰	재상 재	木	金
栽	심을 재	木	金
素	흴 소	木	金
玿	옥 소	金	金
容	얼굴 용	木	土
埈	가파를 준	土	金
峻	높을 준	土	金
席	자리 석	木	金
庭	뜰 정	木	金
島	섬 도	土	火
恩	은혜 은	火	土
殷	나라 은	金	土
晃	빛날 황	火	土
時	때 시	火	金
晉	나라 진	火	金
眞	참 진	木	金
珍	보배 진	金	金
秦	진나라 진	木	金
書	글 서	火	金
徐	차례 서	火	金
津	물가 진	水	金
案	책상 안	木	土
桓	굳셀 환	木	土
洞	고을 동	水	火
桐	오동나무 동	木	火
根	뿌리 근	木	木
桂	계수나무 계	木	木
珪	밝을 계	火	木

桃	복숭 도	木	火	副	다음 부	金	水
挑	도전할 도	木	火	動	움직일 동	水	火
株	주식 주	木	金	偵	살필 정	土	金
校	학교 교	木	木	程	평상 정	木	金
耘	김맬 운	木	土	得	얻을 득	火	火
桄	나무 광	木	木	偕	다 해	火	土
洸	물솟을 광	木	木	御	모실 어	火	土
桀	호걸 걸	木	木	務	힘쓸 무	土	火
晏	늦을 안	火	土	卿	벼슬 경	木	木
珏	쌍옥 각	金	木	參	석 삼	火	金
珉	옥돌 민	金	水	茂	성할 부	木	水
旅	나그네 여	土	土	偶	짝 우	火	土
珌	옥돌 필	金	水	胄	맏아들 주	水	金
玹	구슬 현	金	土	啓	고칠 계	水	木
玳	옥 대	金	火	商	장사 상	水	金
栻	판 식	木	金	祥	상서 상	木	金
洪	넓을 홍	水	土	常	떳떳 상	木	金
晁	아침 조	火	金	基	터 기	土	木
洛	낙수 낙	水	火	執	잡을 집	土	金
洋	바다 양	水	土	堂	집 당	土	火
純	순전할 순	木	金	培	북돋을 배	土	水
洵	참을 순	水	金	寅	동방 인	木	土
記	기록 기	金	木	寄	붙일 기	木	木
起	일어날 기	火	木	宿	잘 숙	木	金
訓	가르칠 훈	金	土	國	나라 국	土	木
				將	장수 장	土	金
11일획 十一劃				專	오로지 전	土	金
자字	뜻 음	자字오행	음音오행	庵	암자 암	木	土
建	건강할 건	火	木	庸	떳떳 용	木	土
乾	하늘 건	金	木	涌	물솟을 용	水	土
偉	훌륭할 위	火	土	康	편할 강	木	木
冕	면류관 면	火	水	彩	채색 채	火	金
凰	봉황 황	木	土	彬	빛날 빈	火	水

斌	빛날 빈	火	水	硏	연구할 연	金	土
梅	매화 매	木	水	章	글자 장	金	金
梧	오동나무 오	木	土	笠	삿갓 립	木	火
梁	들보 량	木	火	翊	나래 익	金	土
振	떨칠 진	木	金	英	꽃뿌리 영	木	土
旣	이미 기	水	木	規	법 규	火	木
悅	기쁠 열	火	土	許	허락할 허	金	土
敎	가르칠 교	金	木	設	배풀 설	金	金
浩	넓을 호	水	土	貨	재화 화	金	土
晧	밝을 호	火	土	貫	본 관	金	木
晩	늦을 만	火	水	近	가까울 근	土	木
晤	밝을 오	火	土	那	나라 나	土	火
晟	밝을 성	火	金	野	들 야	土	土
晥	밝을 환	火	土	雪	눈 설	水	金
朗	밝을 랑	水	火	竟	마침 경	金	木
晛	별기운 현	火	土	頃	아랑 경	火	木
敏	민첩할 민	金	水	珖	옥피리 광	金	木
海	바다 해	水	土	旋	돌이킬 선	水	金
涉	건널 섭	水	金	迎	맞을 영	土	土
浪	물결 랑	水	火	崙	산이름 윤	土	土
浚	깊을 준	水	金	悌	공경 제	火	金
晙	밝을 준	火	金	梯	사다리 제	木	金
焌	태울 준	火	金	第	차례 제	木	金
涇	물 경	水	木	彗	별 혜	火	土
范	풀 범	木	水	救	구할 구	金	木
浣	씻을 완	水	土	鹿	사슴 록	木	火
域	지역 역	土	土	胤	맏아들 윤	水	土
涓	고을 연	水	土	君	향기 훈	火	土
珠	구술 주	金	金	崎	산길 기	土	木
珪	옥돌 규	金	木	孰	누구 숙	水	金
珗	구슬 선	金	金	崑	뫼 곤	土	木
望	바랄 망	金	水	苑	동산 원	木	土
珣	옥돌 순	金	水	悠	멀 유	火	土

流	흐를 유	水	土	富	부자 부	木	水
畢	다할 필	土	水	巽	손괘 손	木	金
梨	배나무 리	木	火	幾	몇 기	火	木
滹	물이름 효	水	土	弼	도울 필	金	水
珥	옥 이	金	土	筆	붓 필	木	水
婉	순할 완	土	土	程	길 정	木	金
悟	깨달을 오	火	土	情	뜻 정	火	金
崇	높을 숭	土	金	晸	해돋을 정	火	金
埻	관녁 준	土	金	淨	깨끗할 정	水	金
晞	마를 희	火	土	晶	수정 정	火	金
軟	부드러울 연	火	土	幀	그림 정	木	金
珙	옥 공	金	木	斑	옥홀 정	金	金
堈	언덕 강	土	木	珽	옥돌 정	金	金
浦	물가 포	水	水	淀	얕은물 정	水	金
苾	향기 필	木	水	惠	은혜 혜	火	土
紹	이을 소	木	金	敦	도타울 돈	金	火
苟	풀 구	木	木	景	볕 경	火	木
彪	범 표	火	水	晳	밝을 석	火	金
崗	언덕 강	土	木	晴	맑을 청	火	金
				普	넓을 보	火	水

	12획 十二劃			最	가장 최	火	金
자字	뜻 음	자字오행	음音오행	智	지혜 지	火	金
傑	호걸 걸	火	木	曾	일찍 증	火	金
備	갖출 비	火	水	替	바꿀 체	火	金
傅	스승 부	火	水	量	헤아릴 양	火	土
復	다시 부	火	水	期	기약 기	水	木
勝	이길 승	土	金	朝	아침 조	水	金
博	넓을 박	水	水	棅	나무 병	木	水
喜	기쁠 희	木	土	森	수풀 삼	木	金
善	착할 선	水	金	植	심을 식	木	金
堯	요나라 요	土	土	棟	기둥 동	木	火
報	갚을 보	土	水	邱	언덕 구	土	木
堤	방죽 제	土	金	球	지구 구	金	木

集	모을 집	木	金	統	거느릴 통	木	火
鈞	무거울 균	金	木	順	순할 순	火	金
銃	병기 윤	金	土	舜	순임금 순	木	金
淵	못 연	水	土	草	풀 초	木	金
然	그를 연	火	土	裁	마를 재	木	金
涯	물가 애	水	土	視	보일 시	火	金
淑	맑을 숙	水	金	賀	하래 하	金	土
淳	순박 순	水	金	貴	귀할 귀	金	木
淸	맑을 청	水	金	軫	수래 진	火	金
淡	맑을 담	水	火	貳	두 이	金	土
淙	물소리 종	水	金	開	열 개	火	木
悰	즐거울 종	火	金	雄	수컷 웅	火	土
淏	맑을 호	水	土	雲	구름 운	水	土
敞	넓을 창	金	金	須	모름지기 수	火	金
創	창조 창	金	金	椶	나무 종	木	金
翔	나래 상	火	金	述	지울 술	土	金
象	코끼리 상	水	金	媛	예쁠 원	土	土
淇	물 기	水	木	悳	큰 덕	火	火
棋	바둑 기	木	木	惪	큰 덕	火	火
硯	벼루 연	金	土	壹	한 일	木	土
現	나타날 현	金	土	盛	성할 성	火	金
珹	옥 성	金	金	喆	쌍길 철	水	金
琇	옥돌 수	金	金	阪	언덕 판	土	水
珷	옥돌 무	金	水	超	띌 초	土	金
理	다스릴 리	金	火	邵	언덕 소	土	金
琉	유리 유	金	土	寔	이 식	木	金
惟	오직 유	火	土	廈	큰집 하	木	土
珸	옥돌 오	金	土	寓	붙일 우	木	土
閏	윤달 윤	火	土	邰	나라 태	土	火
登	오를 등	火	火	凱	개선할 개	木	木
發	필 발	火	水	能	능할 능	水	火
皓	흴 호	金	土	茶	차 다	木	火
竣	마칠 준	金	金	畯	밭고랑 준	土	金

髙	사람이름 설	土	金
雅	맑을 아	火	土
荀	풀 순	木	金
筍	죽순 순	木	金
琁	옥 선	金	金
渼	산이름 미	土	水
阮	높을 윤	土	土
勛	공 훈	火	土
詠	읊을 영	金	土

13획 十三劃			
자字	뜻 음	자字오행	음音오행
僅	겨우 근	火	木
勤	부지런할 근	土	木
傳	전할 전	火	金
傾	기울 경	火	木
經	글 경	木	木
敬	공경 경	金	木
莖	줄기 경	木	木
勢	기세 세	金	金
歲	해 세	土	金
圓	둥글 원	木	土
園	동산 원	木	土
愛	사랑 애	火	土
意	뜻 의	火	土
義	옳을 의	土	土
想	생각 상	火	金
詳	자세 상	金	金
楊	버들 양	木	土
揚	빛날 양	木	土
楠	나무 남	木	火
湳	물 남	水	火
極	다할 극	木	木

楚	초나라 초	木	金
楗	문지방 건	木	木
楨	담틀 정	木	金
湀	헤아릴 규	木	木
楷	법 해	木	土
業	업 업	木	土
新	새 신	金	金
揮	휘두를 휘	木	土
暉	해빛 휘	火	土
煇	빛날 휘	火	土
會	모을 회	木	土
暎	밝을 영	火	土
渶	맑을 영	水	土
煐	빛날 영	火	土
暖	따뜻할 난	火	火
睦	화목 목	木	水
湖	호수 호	水	土
渼	물이름 미	水	水
嫄	사람이름 원	土	土
湘	물 상	水	金
椿	춘나무 춘	木	金
涌	물솟을 용	水	土
渽	맑을 재	水	金
渡	건널 도	水	火
湞	물이름 정	水	金
煥	빛날 환	火	土
換	바꿀 환	木	土
郁	향기로울 욱	火	土
煜	빛날 욱	火	土
熙	밝을 희	火	土
照	빛날 조	火	金
楡	느릅나무 유	木	土
猶	같을 유	土	土

督	살펴볼 독	水	火	琳	아름다운옥림	金	火
群	무리 군	土	木	微	작을 미	火	水
聖	성인 성	火	金	稙	일찍심은벼직	木	金
莊	씩씩할 장	木	金	愚	어리석을 우	火	土
荷	연 하	木	土	賃	새낼 임	金	土
廈	큰집 하	木	土	阿	언덕 아	土	土
補	도울 보	木	水	暘	날 역	火	土
裕	넉넉할 유	木	土	楹	기둥 영	木	土
試	시험 시	金	金	粲	빛날 찬	木	金
資	재물 자	金	金	塤	풍류 훈	土	土
載	시를 재	火	金	筵	대자리 연	木	土
鉉	솥귀 현	金	土	鉛	납 연	金	土
鈺	금 옥	金	土	彙	무리 휘	水	土
鉐	놋쇠 석	金	金	渲	물적실 선	水	金
鉀	갑옷 갑	金	木	渠	시내 거	水	木
鉦	징 정	金	金	羨	부러워할 선	土	金
湊	물모일 주	水	金	渭	위수 위	水	土
靖	편할 정	木	金	暐	빛날 위	火	土
鼎	솥 정	火	金	該	해당할 해	金	土
頌	칭송할 송	火	金	筣	대울타리 리	木	火
頓	조아릴 돈	火	火	琴	거문고 금	金	木
琬	옥 완	金	土	廉	청렴할 염	木	土
莞	완골 완	木	土				
琡	구슬 숙	金	金	14획 十四劃				
琨	옥 곤	金	木	자字	뜻 음	자字오행	음음오행
琯	옥피리 관	金	木	嘉	아름다울 가	水	木
祿	복 록(녹)	木	火	圖	그림 도	木	火
琫	옥 봉	金	水	壽	목숨 수	水	金
琮	옥돌 종	金	金	銖	저울 수	金	金
琦	옥이름 기	金	木	夢	꿈 몽	木	水
祺	상서 기	木	木	實	열매 실	木	金
琪	구슬 기	金	木	對	대할 대	木	火
琥	호박 호	金	土	臺	집 대	土	火

僖	즐거울 희	火	土	睿	밝을 예	火	土
彰	밝을 창	火	金	瑟	비파 슬	金	金
暢	화창할 창	火	金	馹	역마 일	火	土
滄	바다 창	水	金	溢	넘칠 일	水	土
慈	사랑 자	火	金	嘗	맛볼 상	水	金
滋	번성할 자	水	金	像	형상 상	火	金
領	거느릴 영	火	土	輔	도울 보	火	水
榮	영화 영	木	土	菩	보살 보	木	水
寧	편할 영	火	土	連	연할 연	土	土
瑛	구슬 영	金	土	銀	은 은	金	土
溪	시내 계	水	木	慇	은근할 은	火	土
源	근원 원	水	土	濦	물소리 은	水	土
愿	착할 원	火	土	通	통달할 통	土	火
瑗	구슬 원	金	土	銅	구리 동	金	火
準	법 준	水	金	華	빛날 화	木	土
滉	물깊을 황	水	土	閣	집 각	木	木
溟	바다 명	水	水	齊	제나라 제	土	金
銘	세길 명	金	水	逢	만날 봉	土	水
銑	금 선	金	金	翠	비취 취	火	金
瑄	구슬 선	金	金	聚	모을 취	火	金
瑀	옥돌 우	金	土	瑆	옥 성	金	金
瑅	옥돌 제	金	金	誠	정성 성	金	金
瑚	산호 호	金	土	誌	기복 지	金	金
豪	호걸 호	水	土	福	복 복	木	水
瑜	옥돌 유	金	土	禎	상서 정	木	金
瑃	옥 춘	金	金	箕	키 기	木	木
塾	서당 숙	土	金	曘	기운 기	火	木
熏	훈 훈	火	土	綺	비단 기	木	木
鳳	새 봉	火	水	端	끝 단	金	火
墉	담 용	土	土	維	오직 유	木	土
溶	물 용	水	土	種	씨 종	木	金
榕	나무 용	木	土	碩	클 석	金	金
態	태도 태	火	火	碧	푸를 벽	金	水

境	지경 경	土	木	增	더할 증	土	金
馝	향기 필	木	水	嬉	아름다울 희	土	土
萊	잡초 래	木	火	嫿	고을 화	土	土
菴	암자 암	木	土	寬	너그러울 관	木	木
構	맺을 구	木	木	審	살필 심	木	金
瑞	상서 서	金	金	廣	넓을 광	木	木
與	더불 여	土	土	樂	즐거울 낙	木	火
郡	골 군	土	木	慕	생각 모	火	水
逕	길 경	土	木	樉	피 직	木	金
綠	푸를 녹	木	火	萬	일만 만	木	水
愷	즐거울 개	火	木	滿	찰 만	水	水
菊	국화 국	木	木	調	고루 조	金	金
韶	풍류 소	金	金	鋒	칼끝 봉	金	水
說	말씀 설	金	金	槿	무궁화 근	木	木
愼	삼갈 신	火	金	賢	어질 현	金	土
賑	넉넉할 진	金	金	輝	빛날 휘	火	土
綵	비단 채	木	金	逸	편할 일	土	土
熒	등불 형	火	土	陞	오를 승	土	金
	구슬 연	金	土	部	무리 부	土	水
漌	맑을 근	水	木	進	나갈 진	土	金
精	정미할 정	木	金	諄	도울 순	金	金
綱	벼줄 강	木	木	雁	기러기 안	火	土
				奭	쌍백 석	火	金
15획 十五劃				養	기를 양	土	土
자字	뜻 음	자字오행	음音오행	逵	한길 규	土	木
億	억 억	火	土	魯	노나라 노	火	火
儀	거동 의	火	土	董	바를 동	木	火
誼	옳을 의	金	土	銶	끌 구	金	木
俊	준걸 준	火	金	鋌	쇠 정	金	金
德	큰 덕	火	火	瑢	옥소리 용	金	土
徹	통할 철	火	金	靘	단정할 정	木	金
儆	경계할 정	火	金	衛	호위 위	火	土
慶	경사 경	木	木	影	그림자 영	火	土

談	말씀 담	金	火	漌	맑을 근	水	木
漾	물이름 양	水	土	黎	여명 여	火	土
輪	바퀴 윤	火	土	熟	익을 숙	火	金
緒	실마리 서	木	金	瑥	사람이름 온	金	土
畿	경기 기	土	木				
院	집 원	土	土	16획 十六劃			
練	익힐 연	木	土	자字	뜻 음	자字오행	음音오행
熲	빛날 경	火	木	勳	공 훈	火	土
慧	지혜 혜	火	土	燁	빛날 엽	火	土
瑨	옥돌 진	金	金	曄	빛날 엽	火	土
禛	복 진	木	金	燕	연나라 연	火	土
瑱	귀막이옥 진	金	金	默	잠잘 묵	火	水
漳	물이름 장	水	金	熹	밝을 희	火	土
暲	밝을 장	火	金	憙	빛날 희	火	土
樟	녹나무 장	木	金	憙	기쁠 희	火	土
醇	순수할 순	金	金	暾	해 돋을 돈	火	火
熱	더울 열	火	土	燉	빛날 돈	火	火
毅	굳셀 의	金	土	學	배울 학	水	土
彊	강할 강	金	木	導	인도할 도	木	火
憋	총명할 민	火	水	道	길 도	土	火
憓	밝을 혜	木	土	憲	법 헌	火	土
瑤	아름다운옥 요	金	土	整	정제할 정	金	金
鋕	세길 지	金	金	靜	고요 정	木	金
諒	믿을 량	金	火	曉	새벽 효	火	土
嬌	아리따울 교	土	木	撤	거둘 철	木	金
緣	인연 연	木	土	澈	맑을 철	木	金
嬋	고울 선	土	金	錞	도울 순	金	金
瑪	옥돌 마	金	水	潤	윤택할 윤	水	金
數	수리 수	金	金	穆	화목할 목	木	水
稼	심을 가	木	木	潭	맑을 담	水	火
墡	백토 선	土	金	潾	맑을 린	水	火
範	법 범	木	水	澔	넓을 호	水	土
演	넓을 연	水	土	螢	반딧불 형	火	土

冀	바랄 기	土	木
錡	가마 기	金	木
嗜	좋아할 기	水	木
機	베틀 기	木	木
璂	옥 기	金	木
遂	통달할 수	土	金
壁	벽 벽	土	水
澐	물결 운	水	土
翰	깃 한	火	土
衡	저울대 형	火	土
運	운전 운	土	土
達	통달 달	土	火
都	도읍 도	土	火
窺	엿볼 규	木	木
錧	보습 관	金	木
陳	묶을 진	土	金
陸	육지 육	土	土
陵	능 능	土	火
陪	모실 배	土	水
龍	용 용	土	土
錫	주석 석	金	金
潼	물이름 동	水	火
鋼	강철 강	金	木
錦	비단 금	金	木
暻	밝을 경	火	木
憬	동정할 경	火	木
錕	구리 곤	金	木
錠	제기 정	金	木
蒼	푸를 창	木	金
縣	고을 현	木	土
遇	만날 우	土	土
篤	도타울 독	木	火
瑾	붉은 옥 근	金	木
樹	나무 수	木	金
輸	나를 수	火	金
叡	밝을 예	火	土
橋	다리 교	木	木
錄	기록할 록(녹)	金	火
瑽	옥소리 종	金	金
遒	굳셀 주	土	金
彝	떳 떳	火	土
璇	옥 선	金	金
穎	이싹 영	金	土
儒	선배 유	火	土
憓	사랑 혜	火	土
澍	단비 주	水	金
彝	떳떳할 이	火	土

17칠획 十七劃

자字	뜻 음	자字오행	음音오행
優	넉넉할 우	火	土
徽	아름다울 휘	火	土
應	응할 응	火	土
澤	못 택	水	火
擇	가릴 택	木	火
鴻	기러기 홍	水	土
燦	빛날 찬	火	金
澯	맑을 찬	水	金
營	집 영	火	土
燮	불꽃 섭	火	金
禧	복 희	木	土
臨	임할 림	火	火
謙	겸손할 겸	金	木
遠	멀 원	土	土
鍾	쇠북 종	金	金
鄕	고을 향	土	土

鍊	달련할 련	金	火	嶺	고개 령	土	火
鍈	방울소리 영	金	土				
鍍	도금 도	金	火	18획 十八劃			
鍵	잠을쇠 건	金	木	자字	뜻 음	자字오행	음音오행
陽	백 양	土	土	濤	물결 도	水	火
鞠	기를 국	木	木	燾	빛일 도	火	火
韓	나라 한	金	土	濬	깊을 준	水	金
駿	달릴 준	火	金	濟	건널 제	水	金
璟	구슬 경	金	木	環	고리 환	金	土
璡	옥돌 진	金	金	璨	구슬 찬	金	金
璣	구슬 기	金	木	禮	예도 례	木	火
璘	옥빛 린	金	火	翼	나래 익	火	土
償	갚을 상	火	金	豊	풍년 풍	木	水
蓮	연꽃 연	木	土	謹	삼갈 근	金	木
點	점 점	火	金	鎭	진정 진	金	金
嶽	뫼 악	土	土	鎔	녹일 용	金	土
羲	화할 희	土	土	鎬	호경 호	金	土
撤	바로잡을 경	木	木	爀	빛날 혁	火	土
激	격동할 경	水	木	燻	불기운 훈	火	土
擊	칠 격	木	木	曜	빛날 요	火	土
磯	자갈 기	金	木	馥	향기 복	木	水
檍	싸리 억	木	土	騎	말타 기	火	木
穗	이삭 수	木	金	騏	천리마 기	火	木
隋	수나라 수	土	金	璧	구슬 벽	金	水
嬪	계집 빈	土	水	歸	돌아올 귀	土	木
橿	박달나무 강	木	木	濠	물이름 호	水	土
鮮	빛날 선	水	金	鎰	수물량 일	金	土
龜	거북 구	水	木	彛	떳떳 이	火	土
檀	박달나무 단	木	火	戴	받을 대	金	火
聲	소리 성	火	金	繕	기울 선	木	金
壎	질나발 훈	土	土	蕙	난초 혜	木	土
講	강론할 강	金	木	鎌	낫 겸	金	木
濂	질척할 렴	水	火	爵	벼슬 작	金	金

謨	꾀 모	金	水

19획 十九劃			
자字	뜻 음	자字오행	음音오행
薔	장미 장	木	金
薛	설나라 설	木	金
識	알 식	金	金
證	증거 증	金	金
贈	보낼 증	金	金
贊	찬성할 찬	金	金
鏡	거울 경	金	木
鏞	쇠북 용	金	土
選	가릴 선	土	金
麒	기린 기	土	木
韻	소리 운	金	土
璿	구슬 선	金	金
疇	밭 주	土	金
璹	옥그릇 숙	金	金
鯨	고래 경	水	木
麗	빛날 려	土	火
鏋	금 만	金	水
隣	이웃 린	土	火
薇	장미 미	木	水
鄭	나라 정	土	金
譜	족보 보	金	水
曠	멀 광	火	木
轍	수래 철	火	金
遵	행할 준	土	金
譚	이야기 담	金	水

20획 二十劃			
자字	뜻 음	자字오행	음音오행
嚴	엄할 엄	水	土

寶	보배 보	金	水
瓊	옥빛 경	金	木
羅	그물 라	木	火
耀	빛날 요	火	土
薰	향기 훈	木	土
馨	향기 형	木	土
譯	통변할 역	金	土
釋	놓을 석	木	金
鐘	쇠북 종	金	金
繼	이을 계	木	木
懸	달 현	火	土
爔	빛날 희	火	土
孃	어미 양	土	土
覺	깨다를 각	火	木
還	돌아올 환	土	土
勸	권할 권	土	木
藍	쪽 남	木	火
瀚	바다 한	木	土

21획 二十一劃			
자字	뜻 음	자字오행	음音오행
鐵	쇠 철	金	金
鶯	꾀꼬리 앵	火	土
鶴	새 학	火	土
藝	재주 예	木	土
鐸	방울 탁	金	火
欄	난간 란	木	火
爛	빛날 란	火	火
瀾	물결 란	水	火
隨	따를 수	土	金
鐶	고리 환	金	土
護	보호할 호	金	土
顥	클 호	火	土

자字	뜻 음	자字오행	음音오행
譽	기릴 예	金	土
藥	약 약	木	土
躍	뛸 약	土	土

22획 二十二劃			
자字	뜻 음	자字오행	음音오행
邊	가 변	土	水
權	권세 권	木	木
蘇	깨어날 소	木	金
讀	읽을 독	金	火
隱	숨을 은	土	土
覽	볼 람	火	火
鑑	거울 잠	金	金
灌	씻을 관	水	木
鑄	지을 주	金	金
響	소리 향	金	土
歡	기쁠 환	金	土
攝	잡을 섭	火	金
瓓	옥문채 난	金	火
譓	살필 혜	金	土
鑂	금빛 훈	金	土

23획 二十三劃			
자字	뜻 음	자字오행	음音오행
顯	나타날 현	火	土
蘭	난초 난	木	火
巖	바위 암	土	土
體	몸 체	金	金
麟	기린 린	土	火
瓘	서옥 관	金	木
鑛	광석 광	金	木
護	풍류 호	金	土
鷺	해오라기 로	火	火

24획 二十四劃			
자字	뜻 음	자字오행	음音오행
艶	예쁠 염	土	土
瓚	옥그릇 찬	金	金
靈	신령 령	水	火
讓	사양 양	金	土

25획 二十五劃			
자字	뜻 음	자字오행	음音오행
觀	볼 관	火	木
灝	물세 호	水	土
廳	마루 청	木	金
纘	이을 찬	木	金

26획 二十六劃			
자字	뜻 음	자字오행	음音오행
讚	도울 찬	金	金
驥	천리마 기	火	木

27획 二十七劃			
자字	뜻 음	자字오행	음音오행
鑽	뚫을 찬	金	金